KB271112

李佑成 著作集 6

碧史館文存 下 散文

李佑成 著作集 6

창비

# 李佑成 著作集을 펴내며

처음으로 서고정사(西皐精舍)를 방문했던 기억이 난다. 서고정사는 퇴로(退老)마을, 벽사 선생님의 생가(生家)에서 멀지 않은 산자락에 위치한 아담한 정자이다. 이곳에서 선생님은 6세부터 성장기에 이르기까지 전통적인 한문(漢文)을 수학(修學)하셨다고 한다. 선생님의 큰 학문을 배태(胚胎)한 바로 그 요람(搖籃)에 내가 와 있다는 생각에 감회가 새로웠다. 그러나 감회에 젖었다가 곧 또다른 생각이 일어났다. '선생님이 만일 끝까지 한문에만 전념하셨더라면 지금의 학문적 업적을 이룰 수 있었을까?'

그렇다. 선생님은 한문으로 출발하셨지만 결코 한문에 매몰되지 않으셨다. 선생님은 20세 무렵부터 대학에서 신학문을 공부하면서 광범위한 서양지식을 독학으로 답파(踏破)하셨다. 그리하여 젊은 학자들도 따라갈 수 없는 진보적인 사상을 기반으로 학술사(學術史)에 길이 남을 논문을 계속 발표하셨는데 여기에는 젊은 시절에 익힌 한문에 대한 조예(造詣)가 일정한 기여를 했으리라 생각된다. 이렇게 볼 때 선생님의 학문자세를 '법고창신(法古創新)'이라는 말 이외에는 달리 표현할 길이 없다.

이른바 문사철(文史哲)이 극도로 세분화된 이 시대에 선생님은 드물게도 이 세 가지를 겸비한 분이다. 한국한문학회, 역사학회, 한국실학학회 등의 회장을 역임하신 사실이 이를 말해준다. 그렇기 때문에 남들이 지니지 못한 폭넓은 시야를 가지고 한국학 전체를 통섭(統攝)하는 학문적 업적을 이룰 수 있었던 것이다.

선생님은 또한 결단을 내려야 할 역사적 순간에는 몸을 던져 행동하는 데에 망설임이 없으셨다. 1961년 4·19 직후에는 학원민주화운동에 적극 가담한 이유로 동아대학교 교수직에서 물러나야 했으며, 1980년에는 군부독재에 맞서 '361교수성명'을 주도하고 이어 지식인선언에 참여한 이유로 치안당국에 구속수감되고 성균관대학교 교수직을 4년간 박탈당했다.

1990년 성균관대학교에서 정년퇴직하실 때까지 선생님은 후학들에게 참으로 많은 것을 깨우쳐주셨다. 아니 그후로도 실시학사(實是學舍)에서 젊은 학자들과 함께 한국고전 강독을 지금까지 계속하신다. 이 강독회의 결과, 선생님의 지도가 아니면 나올 수 없었을 귀중한 역주서(譯註書)들이 수없이 출간되었다.

그러나 이제 선생님의 연세(年歲)가 80대 중반에 이르러 전과 같은 창조적 학문활동을 계속하기가 어렵게 되었다. 이에 후학들이 뜻을 모아 그동안 산발적으로 간행되었던 선생님의 저서를 한 질의 저작집(著作集)으로 묶게 된 것이다. 이 저작집은 선생님 개인적으로는 일생의 업적을 정리하는 계기가 될 것이고, 후학들에게는 앞으로 공부하는 데에 더없이 좋은 나침반이 될 것이다. 그리고 무엇보다 이 저작집은 한국 학술사의 한 시대를 획(劃)하는 기념비적인 성과물이 될 것이라 생각한다.

선생님이 주도하셨거나 공편(共編)한 책들 그리고 실시학사에서 강독을 통하여 번역된 책들은 이 저작집에 수록하지 못하였다. 그 서목(書目)들은 별도로 권말에 부기(附記)해둔다.

끝으로 선생님과는 오랜 인연을 맺어온 창비의 식구들, 특히 백낙청 선생님의 후의(厚誼)와 고세현 사장의 지원, 염종선, 부수영씨의 노고에 진심으로 감사한다. 그리고 전재(轉載)를 흔쾌히 허락해준 한길사, 일조각, 경인문화사, 아세아문화사에도 고마운 마음을 전한다. 저작집 간행의 실무를 총괄한 김용태 교수와 교정위원 제군의 노고 또한 잊을 수 없다.

2009년 12월

不肖弟子 宋載卲 삼가 씀

## 일러두기

1. 이 저작집은 벽사 이우성 선생의 저작 8권으로 구성하였으며, 고전국역서는 제외하였다.
2. 제2권 『한국중세사회연구』는 원 저작에 한자가 노출되고 한문이 직접 인용되어 있으나, 독자들의 이해를 돕기 위해 한자를 괄호 안에 넣어 한글과 병기하고 한문 인용문은 번역문을 함께 실었다.
3. 제3권 『실시학사산고』는 2부에 2편, 3부에 1편의 글을 추가하였다.
4. 제5, 6권 『벽사관문존』은 기존의 『벽사관문존』을 상(시)·하(산문)로 분책한 것으로, 상권에 '몽송집(夢松集)'과 '제오차 중국기행시초(第五次中國紀行詩抄)', 하권에 산문 9편을 추가하였다.
5. 세7권 『신라사산비명 교역』은 1부와 2부는 원 저작을 영인하고, 3부 역문은 번역을 다듬고 각주와 색인을 첨가하였다.
6. 제8권 『고양만록』은 3부에 2편, 5부에 1편, 7부에 2편의 글을 추가하고, 권말에 저작집 간행 후기와 2종의 저자 연보(自撰年譜 포함)를 실었다.
7. 명백한 오탈자는 바로잡았고, 인명 표기 및 문장은 가급적 원본대로 두는 것을 원칙으로 하였다.

# 책을 펴내면서

　이 책은 벽사(碧史) 선생님께서 한문(漢文)으로 쓰신 글을 모은 시문집(詩文集)이다. 우리나라 한문학과 역사학 연구에서 선생님이 차지하는 위치는 실로 높은 산과 같아서 이 분야에 종사하는 학자로서 직·간접으로 선생님의 영향을 받지 않은 사람이 드문 것이 사실이다. 우리나라뿐만 아니라 중국과 일본 학계에서도 선생님의 학문은 높은 평가를 받아왔다. 선생님은 강학(講學)과 집필(執筆)의 여가에 틈틈이 한문으로도 저작을 하셨는데 이렇게 해서 쌓인 한시문(漢詩文)의 분량 또한 적지 않았다. 이에 온지회(溫知會)에서 발의(發議)하고 실시학사(實是學舍) 고전문학연구회에서 편집을 맡아 한 권의 책으로 묶게 된 것이다. 선생님께서는 한문문집(漢文文集)을 출간하는 것이 이 시대에 무슨 소용이 있겠느냐고 하시면서 극구 만류하셨지만, 선생님의 논문과 저술에서는 느낄 수 없는 또다른 향기에 젖고 싶은 제자들의 욕심 때문에 이 책을 펴내게 되었다.

　선생님은 전통적인 한학(漢學)으로 학문에 입문하셨다. 소싯적에 이미 많은 양의 한시를 지었음은 물론이고 15, 6세 경에는 한문으로 논(論)과 설(說)을 창작하셨는데 지금 읽어도 그 명쾌한 논리에 감복하지 않을 수 없다. 이후로는 주로 시를 지으셨고 다른 사람들의 청탁에 의하여 서(序)·기(記)·발(跋)·비문(碑文) 등도 지으셨다. 이렇게 한학으로 출발하여 평생을 한문적 분위기에서 살아오셨지만, 지금까지 선생님께서 발표하신 한문학과 역사학 관계 논문들은 발표될 때마다 학계의 비상한 주목을 받아왔다. 또한 선생님의 논문들은 그 독창성과 진보성으로 인하여 젊은 후배들의 미욱함을 깨우쳐주는 하나의 지표가 되었다. 선생님의 학문은 전통과 현대의 이상적인 조화 속에서 탄생하고 성숙되었다는 생각이 든다. 연암(燕巖)이 말한 법고창신(法古刱新)이 선생님의 학문에 꼭 부합된다고 감히 생각해본다.

근 삼십여년 동안 선생님을 가까이 모시고 가르침을 받아오면서 선생님은 언제나 높은 학자, 근엄한 스승으로만 느껴졌다. 그러나 이 책을 엮으면서 특히 시를 읽으면서 봄바람같이 따뜻한 선생님의 인품을 접할 수 있었다. 학문적으로 추호의 빈틈도 용납하지 않으시고 불같은 꾸중을 내리시던 선생님의 모습과는 다른 훈훈한 정(情)이 가슴에 와닿았다. 선생님의 시에 대하여 나 같은 천학비재(淺學非才)가 감히 무어라고 말할 수 없지만, 청경(淸勁)하고 고담(枯淡)한 선생님의 시에는 선생님 평생의 갖가지 곡절과 정신적 지향이 곡진하게 투영되어 있어서 선생님의 인간적인 풍모를 살피는 데에 더없이 좋은 자료가 아닌가 한다.

지난해 스승의 날 야유회에서 "내가 죽고 난 후에도 추억거리가 되게 사진을 많이 찍자"고 하셨다는 말을 전해듣고 가슴이 뭉클했다. 선생님은 아직도 실시학사에서 고전문학연구반과 경학연구반 제자들을 변함없이 지도하고 계신다. 앞으로도 영원히 학사에서 선생님의 기침소리를 듣고 싶은 것이 우리 제자들의 소망이다.

이제 선생님의 80회 생신을 맞아 이 책을 선생님께 바치고자 한다. 그리고 먼 훗날 선생님이 그리울 때, 선생님과 함께 찍은 사진과 함께 이 책의 시와 글들을 읽으면서 선생님에 대한 그리움을 반추하고자 한다.

끝으로 원고의 입력에서부터 교정에 이르기까지 도맡아 고생을 한 이철회(李澈熙), 한영규(韓榮奎), 김진균(金鎭均), 최영옥(崔焌玉) 제군에게 감사의 마음을 전한다.

2005년 2월

不肖弟子 宋載卲 삼가 씀

書簡

## 上家大人 （一）

伏未審日氣不調　父主氣力　別無損添候　家間諸節　俱免顯警否
伏慕區區無任下誠之至　子以陽三月三十一日上京　僦屋于城北之下
月谷洞　源康君　尚未移徙　因與之同棲一宇　屋舍狹隘　而兩家所率
合爲十四名　艱苦之狀　何可盡達　渠之職　尚未發令　其可否進退　要
不出三四日間　只當修人事以待天命而已　駿兒以今日正式就學于普
成中學　熙珠熙國　尚未得轉學　悢悢度日　可憎也已　鄕山千里　晨昏
久曠　瞻望白雲　下懷莫定也　餘不備上白是

辛丑一九六一年　四月


## 上家大人 （二）

向日　伏承下書　伏審　大人氣力勝似燕几時　不勝喜幸　伊後有日
更伏切瞻雲之思　子所率無恙　熙珠　以今日　就學於進明女學校　此
校風尚　最注重於家庭道德云　可見其七十年傳統之有自來矣　熙國
方交涉於惠化國民校而未見落着　然要當於四五日內就學也　成均館
自四月中　有多少內紛　新規人事　尚未發令　然渠則以助教授一級內
定者已久云　可保無他慮也　方以書類具備見促　昨日通寄於兄處　要
急送身元證明四通及身元調查二通　未知何時到達也　伏切懸企也
源康君　尚未分居　且以身病叫酸者有日　見甚憫迫耳　恭成　自大田
有書來　自詫以大韓民國一流軍人　不禁苦笑　但其隨處着心　以期他
日　不作凄楚可憐之態者　大慰下情也　俟日後家事稍定　欲隨力周旋
移勤于京中　使之就學于成均館大學夜間部　此爲最妙之策　早晚間
當見其頭緒之就着也　餘不備上白是

辛丑一九六一年　五月

## 上家大人 (三)

伏未審淸和 父主氣力 別無損添候 家間大小節 俱免顯警否 子
所率皆無恙 伏幸耳 物價潮湧 生計益艱 伏想嶺南氣候差早 新麥
似已上場 然今年雨暘不調 收穫不下於平年否 謹弟 自任樵汲 勞
苦可尙 而農土僅少 物力不給 伏切憐悶 伏念邇來菽水之供 亦不
得如意 傷貧之歎 昔賢之所不免 而如不肖者 諉以求食 久曠晨昏
則尤何以爲情也 中夜以思 惘惘焉以自悲 而心手相違 苦無謀策
伏恨奈何 金參阡圓同封 然如此物情 安能望其毫有助於濟接也 食
母來僅兩月 朝夕思歸 其無信義 可憎 然其月給亦非小金 則裝而
送之 未必非兩便也 人心之不可恃如此 何責於渠哉 先集刊役 已
就頭緒否 伏不任願聞 餘不備上白是

甲辰一九六四年 五月

## 與護石許涉丈

佑成白 嗚乎 天道之難諶而人事之叵測 自古有云 然豈料德門今
日有此凶禍乃爾耶 凡爲知舊姻親者 莫不推胸投地 其在至慈之地
哀慟摧折 何以堪居 然自孔聖以來 賢人哲師 往往不免有喪明之悲
伏願痛加裁抑 以理自遣 無至重貽死者之慽 且以少抒親知之懸慮
也 佑成當卽日扶服 而宿疴在身 秋來益自覺不好 翹首南雲 只自
於邑而已 香燭代金參阡元同封 此亦賢於已耶

乙卯一九七五年 陽十月

## 答淵民李家源教授

淵民兄足下　旣蒙一夜啓發之篤　又期將來綢繆之厚　充然有得　懷
之而南矣　嶺表風土溫暖　春物已向榮　然　京師地氣　當後數十日　遠
想雪溜餘滴*　尙助仙館之淸致矣　弟發程之日之晡　往叩高居　兄在
會議場未返　怊悵而歸　歸後　因親病　久滯鄕廬　泮學消息　風聲鶴唳
正自憂惱　今承惠翰　略審顚末　爲之消釋　待到三四旬後　江有舟苑
有花　則吾與兄　可得聯袂翱翔于漢皐之畔矣　噫嘻其快適也哉　不宣
* 淵民　署其居曰雪溜館

辛丑一九六一年　三月


## 與淵民李家源教授

寺洞話別　居然已一旬矣　雲海萬里　懷仰曷已　殘暑尙熾　江戶尤
以濕氣爲苦　遠想秘苑淸風　拂洒仙榻　自不禁杳然神往也　弟來時
携『心山遺稿』一冊　方艸解題　而苦不滿意　譯書果何如　倘有疎舛
兄與我　不免任其責矣　奈何奈何

丁巳一九七七年　七月


## 與柳　應植

尊先果齋公文集　遠蒙頒惠　蓬蓽生光　就中『東史撫實』·『邦禮
大議』二篇　爲吾邦中世黨議關係主要文字　益可貴重　佑成　一生汩
沒於史學叢中　而所閱文籍　大都出於一邊人之手　苦乏南中記錄　今

玆二篇　將與溪堂先生『朝野約全』　竝爲他日研究中世史者不可缺之
資料也　豈特爲尊家一門之文獻而已耶　佑成　兒時　曾閱過『東史攗
實』(單行本二冊)　而『邦禮大議』則未也　謹當盥薇擎讀矣　伏冀尊照

庚午一九九〇年　十一月

適因忽擾　不及開筆硯　只得以鋼尖黑汁　書之　更乞俯諒


## 與由堂李聖道丈

歲色垂暮　伏惟　尊體起居百福　佑成　昨到儒城　從權公正遠　蒙賜
『玄山集』三冊　佑成　生長嶺南　於湖中長德　自少未曾奉接聲徽　獨
嘗竊聞玄山先生之風而高之矣　今者　獲奉遺編　有以仰認其志尙之
貞介文章之簡奧　自不覺歙袵而致敬也　深齋爲堂諸先輩之稱頌　豈
無以哉　佑成　自是遠實之蒙　黍緣門下諸公　得免責沈之恨　亦云幸
矣　此實出於盛念之厚　當躬晉爲謝　而只此艸艸爲報　尤不任悚仄也
何時再奉淸晤　臨紙不任冲悵爾

辛未一九九一年　十二月


## 與靜齋權公正遠

伏惟初夏　尊體起居百福　頃者伏承　道山院長望記　此在佑成　實
爲踰分之榮　顧自以汨沒風埃　脫略禮數　化爲俗子已久　且以脚部不
仁　不得拜跪　每當祖先忌祭　不免平坐獻酌　此在私家　猶屬駭擧　況
敢於儒林多士駿奔將事之席乎　況敢於先賢祀享莫重之典禮乎　以是

謹百拜仰乞辭免　此意傳達于令從兒遠敎授而似已蒙諸公之頷可矣
本當依例式　奉呈辭單　然其在情摯之地　刊落儀文　直陳衷曲　未必
不爲一義也　所謂研究室　無筆硯之具　只得以日常所用鋼尖黑汁　書
之　尤不任愧汗也　伏冀尊照

辛巳二〇〇一年　四月


## 與慕何李憲祖會長

慕何兄　昨日暮歸　見惠餽在案　而來使已去　未得一問吾左右近況
半載隔阻之餘　尤覺懷想之切矣　不審新凉　起居淸勝　勞使問題　次
第妥結　別無纏繞作悶之事否　弟一味憒憒　無足奉聞　近自中國孔子
基金會　有邀請書　將以十月初旬　發向北京　轉至曲阜　因周覽西安
敦煌等地　歸路從上海歷桂林廣州爲計耳

己巳一九八九年　九月


## 答源了圓敎授（日本東北大學　名譽敎授）

前日　奉讀惠翰　仰認其間以硏究文債　及講義負擔　山重水複　備
經辛勤　而弊校大東文化硏究院來年五月之會　特許枉臨　非但爲弊
校之榮幸　小牛亦與有光矣　歲將暮矣　送舊迎新之際　不審尊體起居
淸旺　玉眷均吉否　區區不任嚮往　佑成　十月初　往北京　參加退溪學
國際會議　及孔子誕辰紀念學術討論會　因縱覽中國歷史文物遺蹟
西至敦煌　東泊上海　南過桂林廣州　歷三旬　始歸國　胸懷稍覺開豁
矣　貴國學者三位中一人　已自小川晴久敎授　推薦嘉納喜光氏（茨城

大學教授） 弊校 已經發送招請狀矣 此事 致煩尊慮 深爲未安 乞
賜諒察

餘適紛擾 不獲一一 都留竢奉晤 伏冀尊照

己巳一九八九 十二月

## 答池田溫教授（日本東京大學）

惠寄書及玉稿二篇 謹此拜領 感荷良深

就中「陳寅恪先生和日本」讀之至再至三 盖小生 自少時 慕仰
陳先生 而無由一接其容光 且自二次大戰後 竝其存沒而漠不聞知
及遊日本 始得聞其晚年情況及歿後消息 爲之歔欷 去年秋 自北京
至敦煌 夜與諸人話 有人 言及陳先生事(毛主席 從斯達因 聞陳先
生姓名 始知中國有此碩學 云云) 相與嗟歎 及今讀玉稿 關于陳先
生之學問與人品 親切精詳 有令人感發興起者 多荷多荷

小生 在北京發表論文(李星湖之春秋書法批判論及其聖人觀) 因
彼處印刷劣惡 誤字居半 不可掛眼 第待正式冊子之發刊 仰呈爲計
乞賜照亮 中國紀行詩抄 旅行中 隨得隨錄者 此非學術論考之種類
只是春鳥秋蟲之自鳴自已者 何足奉塵高眼也 第或於研鑽之眼 爲
披覽一笑之資 則何如其幸也 餘都掃不備 更乞情諒

庚午一九九〇年 一月

## 答池田溫教授（日本東京大學 名譽教授）

頃於郵中 承惠書及『續日本紀索引年表』一冊 深荷不鄙 『續日本

紀』一·二·三冊　已於年前　蒙惠贈　備置書架矣　今此所賜　合爲四
冊　寔出於眷眷之情　將何以爲報也

　『新羅四山碑銘』校譯已舊　今始仰呈　附以高句麗古墳壁畫寫眞一
帖　倘可爲閒中閱覽之資也否　瓊投瓜報　曷勝慚愧

　春寒　遙祝貴體淸旺　因風時惠以玉音　至仰

庚辰二〇〇〇年　三月


追白

朴趾源『熱河日記』一冊　年前自上海書店出版　小生爲書其弁言　玆將一冊
竝付此便　統希　照亮


## 與神田信夫敎授（日本明治大學）

　佑成白　佑成昔遊京都　從牧田諦亮敎授（京大人文科學硏究所　佛敎
學）獲拜先丈喜一郎先生於私第　猥蒙獎誨　距今十餘年前　佑成以
東洋文庫招聘硏究員　因田中正俊敎授紹介　一奉淸範於文庫硏究室
矣　自此以後　遠隔海山　久絶音信　而心未嘗不憧憧往來也　頃者　因
宮田節子女史　以內閣文庫所藏『治平要覽』複寫事　仰干于座下　而
特蒙頷可　另賜周旋　俾得成事　佑成之承惠大矣　將何以報答厚誼也
玆以尺紙　溯及前緣　竝致感謝　不審尊意　倘垂諒察也否　餘草草不
備　更乞尊諒

甲戌一九九四年　十一月

## 答李甦平教授（中國北京人民大學）

昨夏惠書 迄今未克修答 而不賜斥絶 又投以華牋 文辭之溫雅
情思之纏綿 尤令人感佩 自惟愚陋無狀 逋慢爲罪 益無以自解也
所示序文艸稿 已得體 無庸犯手 但其初頭 不免挿入幾句語 僕雖
能解讀白話文 尚未能以白話文 寫作文章 望須就挿入處 改書以白
話文 俾無文體不統一之歎 如何如何 改書後 更賜回示 至仰耳 承
有學習韓文之敎 玆以拙著兩種書 奉付別便 或可爲閲讀之資耶 其
外更有『韓國之歷史像』一書 已經日本人譯出 自平凡社 刊而行之
想在東京市肆賣買矣 餘不能一一 順祈淸安

丙子一九九六年 四月


## 答彭林敎授（中國北京淸華大學）

承惠書 兼以複寫物四種見寄 感荷良深 「朝鮮紀事」明倪謙使行
時記錄 僕所願一讀者 今已遂願 幸何如之 「天聖日錄」與「朝京日
錄」 自是別個 然兩錄 俱載在『潛谷遺稿』中『潛谷遺稿』僕曾於大
東文化研究院在任時刊行者也 適未審其中日錄之有無 致煩尊慮
深庸愧悚耳

太醫院先生案 國內亦有醫譜之類 然詳略不同 以此較彼 似有所
得 今此入手 厚誼可謝 「東明聞見錄」 明季稗史之一種 有資見聞
當備置于書架矣

淸代知識人 關于朝鮮之認識 何如 僕欲得王先謙「朝鮮匯考」一
讀者 以此故也 然其複寫 甚艱 則當留待後日 不必強爲之抄寫也
『北涯先生集』國內亦有之云 亦不必複寫也 『瘡疹集』國內無有

若得複寫一通　如太醫院先生案　則大幸也　但念彭林先生　以此事
太費心力　僕不任悚仄耳
　『熱河日記』出版事　在韓中兩國交流史上　關係不淺　若得成就　其
功大矣　序文　僕非其人　然僕受燕巖文學及思想之影響　不輕而重
且蒙貴兄之下囑　烏敢以不文　辭哉　然不久　當有面談之機會　伊時
接膝商確　亦非晚也　際玆餞迓　遠頌
文祺　不備

乙亥一九九五年　十二月


## 答徐遠和教授(中國社會科學院)

　前冬　特賜華翰　諭以投稿於『孔子研究』專號　顧佑成　蒲柳之質
健康不好　且年來　文債累積　將以五六月中　寫就二種論文　以是之
故　竟不得遵奉來教　愧悚何言　但稽謝至今者　其間　欲副盛意　種種
構想　而未暇着手　因循虛度日時　自歸於逋慢之罪　倘蒙高風雅量
不以此誅斥也則他日當親造清軒　求贖前愆　且側聽緖論　以牖此愚
昧也　餘都掃不備　留竢面罄

己巳一九八九年　五月　於漢城


## 與龐樸教授(中國社會科學院)

　久仰聲華　顧未有一面之雅　頃因日本溝口雄三教授　轉致鄙意於
先生　盖佑成將以來年(一九九六年)十月　召開第四回東亞細亞實學
國際會議(中國學者八名　日本學者八名　韓國學者十餘名　其往復航空料

及漢城滯留四日間宿食費　皆由弊處　辦出)於漢城　其時　欲招請先生參
加此會　發表一篇論文　不審尊意以爲如何　實學　非別種學問　只是
先儒往哲關於政治·經濟·社會等現實問題　研究論述者也　中國　自
顧炎武黃宗羲諸老先生以降　磊磊落落之鴻碩　代不乏絶　窃願先生
就明淸以來實學著書　作成一篇論攷　發表於第四回實學會場也　倘
蒙不鄙　如賜快答　何如其幸也　溝口雄三敎授　要我與韓睿嫄女士略
歷　付送于貴中　盖以座談會(於東京)談論載揭於「學人」雜誌故也
此座談會　佑成只是一個聽者　別無自家意見　溝口氏　要我追後揷入
所欲言者　然事屬旣往　不必追提　故只將略歷二通　仰呈　竝乞尊照

丙子一九九六年　七月


## 答龐樸敎授

拜讀惠翰　已有日矣　方擬修書奉覆　而居然之頃　學術會議期日已
迫　兹以數字　付之人便　以達左右

僕以身病(脊椎病)　在療養中　間用汽車　暫出於外　以宣憂鬱　而體
氣虛耗　不能作遠行　今此會議　竟不得往參　僕之有負於龐樸先生與
溝口先生　大矣　愧悚且恨　何以爲喩　開幕辭　敎意旣鄭重　且此中諸
友　亦勸我草一文　倩人代讀　亦賢於已云　故草草構思　付呈于一行
未知其果可中於用也　譯文之拙澀　尤不得釋慮

仄聞先生　以八月中　渡美洲云　果否　杭州西湖之約　已歸於虛空
而行聲　又此遼遠　翹望西雲　倍切悵仰耳　餘惟祝學術會議穩得成果
以貢獻于東亞學壇　兼祈暑天動履淸勝

丁丑一九九七年　七月

## 與龐樸敎授

一違顔範　便成落落　聲光莫憑　懷仰曷已　伏惟初夏

尊體起居百福　研學授徒　所樂何如　佑成有仰懇事　鄙母校成均館大學　今年春　創立‘東亞細亞學術院’　其傘下　有大東文化硏究院·儒敎硏究所·東亞地域硏究所等三種機構　將以今年十一月中旬頃召開東亞細亞學術會議(關於哲學·史學·文學　三分野)　兹者　敬請中國龐樸先生及日本溝口雄三先生同時來臨　幸賜基調講演　或論文發表　以光會席　至仰至仰

大東文化硏究院長金時鄴敎授　主管此會　以余於兩先生有舊　要余替伸微悰　兹更以實務關係　仰陳焉　倘蒙不棄　許以參席　卽賜回示　以便推進焉

中國日本少壯學者二名　竝望先生推薦携來　而預將其名字　錄示尤爲幸也　佑成年老身衰　而被周圍牽引　俾不得休息　可笑可憫耳餘惟竢玉音　不備　伏冀尊照

庚辰二〇〇〇年　五月


## 答溝口雄三敎授(日本東京大學　名譽敎授)

頃奉華函　忙手披讀　知尊駕已駐着北京之友誼賓館　回首四大　行塵杳然　自不禁懷仰之切也　‘儒學思想文化國際交流會議’事　因中間連絡之疎謬　不免有多少誤解　鄙側　至有抛棄不參之思矣　今承來諭知主題未有變更　會議計劃　亦惟前約是遵　向所疑慮　始覺渙然冰釋矣　僕當以此意　周知于此中同學　使之準備論文　以七月末日　前赴

北京 參加八月一日二日之會議矣 但八月四日五日之圓卓會議 此
中 旣無精通中日兩國之語者 無以參與其討議 頗爲缺憾 只冀情諒
耳 龐樸敎授 近況如何 望爲我傳致安信 天氣漸熱 敬頌旅體淸旺
不備

丁丑一九九七年 四月


## 答藤間生大敎授（日本熊本商科大學）

頃者 辱賜寵翰 附以論文一篇 關於小楠 再承敎示 感荷良深 佑
成於日本實學 屬門外漢 但稔聞小楠在日本實學史上之地位 今者
蒙惠開諭 頗有所得 爲幸不淺 昔日 曾讀丸山眞男源了圓諸公之論
說 略涉藩籬 及今快睹堂室之奧矣 此實藤間先生之賜也 先生 於
韓國實學 表示關心 玆以舊作『韓國之歷史像』一冊 仰呈 此雖拙著
已經日本語版行于世 倘蒙先生閒中俯賜一讀 可悉其大槪矣 若以
讀後所感 兼以叱正見示 何如其幸也 但其譯述 誤謬不少 不得已
以朱書訂正 竝望下諒

拙譯崔致遠『四山碑銘』及朴趾源『熱河日記』竝付此便 查收是仰
『蘭社詩集』佑成與諸友遣閒排悶之作 而中有言及藤間先生之一首
（312頁）玆竝仰呈 可博先生之一笑也耶 春寒尙峭 遙祝尊體對序
康旺 不備

庚辰二○○○年 三月

## 與閻純德主編（中國文化研究社）

頃於開封　暫奉淸晤　乍逢旋別　悵仰曷已　小生自開封　歷西安　至福州武夷山　周覽九曲　回至上海　迂路遊蘇州杭州及紹興等地　昨纔歸國　往復萬餘里　費十餘日　頗覺疲困　然回想遊歷處　殆若夢境　瞻溯不已也　今行　又蒙中州諸君子款待　海內知己　天涯比鄰　古人之語　身自驗之　尤何等榮幸之至　『中國文化研究』雜誌一冊　旣承惠贈　又欲以小生之基調講演原稿　揭載于次號　不勝感荷　但其時　因忽忙未及以報告題目　仰呈　殊切悚惶耳　報告題目　望乞參照

［基調講演報告題目］

『韓國實學史之主潮及實學研究之轉換點』

小生不能以白話文　寫作書札　用此冗長文體　愧愧　並企脣照

戊寅一九九八年　十一月

## 與渡邊浩敎授（日本東京大學）

佑成　十年前　因東京留學生　獲讀『近世日本社會與宋學』一書　深庸感佩　又從溝口雄三黑住眞諸敎授　飽聞令名　而尙未有一面之雅　自覺此生之寡陋矣

第有仰懇事　漢城成均館大學　小生三十年奉職處也　往年種種召開東洋學國際會議　已至七八次　今年春　創設‘東亞細亞學術院’ 其傘下　有大東文化研究院·儒敎研究所·東亞地域研究所　等三種機構　將以今年十一月下旬　又召開東亞細亞學術會議　中國龐樸　日本溝口雄三兩敎授　已許參加　小島毅敎授　亦許同參　今次會議　必須有‘日本思想史’其人　玆者　敬請渡邊浩先生之來臨　發表一篇論文

以光會席 至仰至仰 其他 詳細事項 當自主管者(成均館大 金時鄴
教授) 別途報告 竝望照亮 亂筆 竝乞下諒

庚辰二○○○年 六月


## 與宋贊植敎授(國民大學校)

省式 天不憗遺 尊岳丈重齋先生 奄棄後學 吾嶺自此益寥寥矣
凡在今日冠儒服儒者 孰不哀慟而匍匐也 況吾座之於先岳丈 有非
尋常舅甥比者耶 佑成流寓遠句 聞訃旣晚 又適因先忌 不得參祖餞
之列 一省皆擧之日 獨此昧昧以度 撫念先誼 罪負萬萬 準擬來月
中旬 前赴山淸 一哭寢門 而姑於吾座致慰 慰狀亦應有格例 而如
此草率 尤不任愧汗也 餘都掃不備 恭祈情照

戊午一九七八年 十月


## 與李東歡敎授(高麗大學校)

敬頌 文祺
葉書之有繪畫者 日本人 謂之繪葉書 今日吾所附送 寔爲'繪葉書'
此是東京大學正門也 兩行文杏薈蔚成林 望之 非不美矣 然比之
於我成均館之老杏樹 可在兒孫之列 我足以藐視彼人也耶 一笑 草
草不宣

丁巳一九七七年 八月 於日本東京大學

## 與李東歡教授

遠頌　清祺

　前與林熒澤教授書　以漢文教科書事　欲其與吾座有所商議　迄無回報　未知日間果與之爛商而有所決定也否　此事　已自去年春　與出版社協約者　而因不佞出在海外　有此蹉跎　深庸愧悔　到此地頭　惟望吾座與林教授決其可否　因從速回示　至佳至佳　不宣

丁巳一九七七年　十月　於日本東京


## 答李東歡教授

　承惠書　大慰離索之懷　且審漢文教科書　已在選文中　將次第就緒　仰謝仰謝　但僕　自十一月來　宿證乍作　意思不好　及至近日　左脚又微有痛勢　升降階段　時不免叫苦　盖更年之期　百病伺機故也　長兒自美國聞此狀　累以書促行　又送到往復航空劵　不得已以今月二十三日　發向美國　過歲後　卽入病院　受了精密檢查　如無大段問題　可以早早歸國　然寒程萬里　往返未可以旬日計　悶悶可勝　以此教科書事　惟望吾座與林教授　商議爲之　吾從今撤手於此事矣　苦笑苦笑　因京信　知大雪被山野　此或爲瑞徵也耶　惟祝學體淸健　不能覼縷　不宣

丁巳一九七七　十二月　於日本東京

與李東歡教授

今日晝夢 吾座 過訪余家 家在青山綠水之畔 盖余方纔還國而暫寓別墅云也 吾座 出黃綠色表紙三張 曰漢文教科書 已垂成矣 余深謝其間之勞苦 且問林友近況 引手摩挲之際 忽欠伸睡覺 則窓外飛雪紛紛 手中書冊 墮在几案 而時正正午十二点鐘矣 悄然起坐 環視四壁 始知身在雲海四萬里之外 李鳳藻詩賴是一絲淸夢好凌波 羅襪訪君回之句 正寫出吾今日境界矣 爲之感慨 因覓紙書此

此地 爲美國中部伊利努爾州(Illinois)之行政首都 乃昔解放黑奴之有名大統領林肯(Lincoln)之故鄉也 有林肯之居第與墓園 爲市民誠心守護之處 又有其紀念博物館 巡禮者 相屬不絕 而都市安靜 行塵不動 其西邊之住宅街 在南向小丘陵一帶樹木之間 森朗如畫 住居者 除少數商人外 大率是醫師弁護士輩 長兒 自三年前 移職于此 買得一區屋宇而居之 嘗請余名其居 余未之應 歲底 自江戶來此 則第三兒之留學於西太恩浦都者 亦率其婦而來 留與過歲 行新正茶祀 因名之曰春野莊 盖此地名 譯之爲「春野」(Springfield)而余一家 適迎新春於此地故也 所謂春野莊者 視余栖碧舊居 庭園及建物 二倍有餘 而出門一步 便是異國風景 殊音怪語 尤非所慣於耳 兒子多用吾邦人書畫 裝諸壁 其中有退老先亭圖 又有河友所書余舊作詩篇行艸簇子一幅 盖欲以此慰其父之客懷也 然自退病院後頗不堪孤寂 盖切開之處 餘痛尙存 縫絲未拔 醫言一旬後 始得蘇完 而三兒 已歸其大學 長兒 每晨朝出勤 非講義則回診 暮夜而歸余乃長日倚枕 無所事事 傷時戀古 不能自已 雖荆布在傍 婦兒使兩孩孫 走戲膝前 以供歡笑 而余心長有不樂也 積年爲祟之心臟疾患 一朝除去其根 莊子云死生亦大矣 則此事在我 亦豈非大幸 而乃別有撫躬自悼者何也 柳子厚言 已過三十年 無足把玩 則將來之

不可恃　如執左契　此正余今日之謂也　況余所已過　不僅止三十年也
耶　日月如流　又加一歲　元朝對鏡　鬢髮之際　似添得四五莖白者　兒
輩　於食卓　屈指數其父母回甲之年　謂將於其前撤歸故國云云　嗚乎
回甲之說　遽已至於吾耳邊　人生祗爾　大可歎也　惟願吾座與林友
趁其年富力強　做得眞正工夫眞正事業　無至如吾今日之悔恨　是所
望也

　將以今月二十一日　發向西太恩浦都　留三兒之所　歷訪加州大學
閱覽其極東圖書館所藏舊韓本書籍　因與其東洋語文科教授輩　敍舊
至三十日　始渡太平洋　抵東京　又滯留一兩日　則其到着漢城　當在
二月二三日間也　所懷非此可旣　貴答亦所不願　但林友處　不能各狀
幸以此紙　轉示　以作破顏之資　如何　餘不宣　惟冀情照　右手尙戰
字不如意　可愧

戊午一九七八年　一月　於美國　伊利努爾州一隅


## 與宋載邵教授(啓明大學校

謹惟和煦
　侍奉萬福　今月漢文學研究發表　以發表者之事情　延以第四土曜
日(因閔某教授有故　不得已延日字　以金時鄴教授代行)　向聞　吾座
每月以發表會時上京云　故　兹以爲報　諒之可也　僕　亦以是故　今月
大邱之行　定以今週之末　若　吾座無大段不可避之事　則幸賜枉顧于
僕之旅次　商量世事　至佳至佳　僕之日程　以五月十一日正午　着邱
一泊後　以翌日上午九時頃　往參嶺大『三國遺事』輪讀會　因與諸友
作一番敍暢爲計　吾座亦以是日　相握於嶺大　爲尤好耳　餘都掃不宣
恭冀　情照

己未一九七九年　四月

十一日夕後　幸掛電話于金潤坤敎授家　試探余動靜　得以通話　則其翌日　不
勞吾座嶺大之行　而事可濟矣　更乞　照察


## 與宋載卲敎授(成均館大學校)

離國已一星期矣　回首西天　雲海杳茫　懷想曷已　暑氣方熾　遠惟
秘苑萬綠　時送淸風　庶或可以滌壹鬱之懷也否
僕僦屋于松戶市　作一個寓公　雖無薪水之憂　然　流落天涯　日與
異類　稱交歡　吾心之樂否　諸君子可以推測於遠外也　姑此不宣

壬戌一九八二年　六月


## 與林熒澤敎授(成均館大學校)

頃者　初到東京大學　轉入東洋文庫　略閱書目　先飛一葉爲報　計
已獲關照矣　其後　連作訪書之行　且得各處文庫目錄　前所未見者
可得數十餘種　並將付之複寫　載我歸橐　今行　頗不寂寞矣　悔堂稿
一見知其爲佔畢齋初年詩集　已取作「第二蒐逸本」之第一號　靑坡集
與劇談　慵齋叢話　浮休子談論　皆有壬亂前板本　但虛白堂詩集十四
卷　拾遺一卷　補集四卷　又文集十五卷　風雅集二卷　並藏在日光山
雖日本學者　未易點檢云　是可憾耳　美加州大學所藏靑邱野談　東洋
文庫　亦只有其六冊　故　已致書于桑港　使之複寫以來　非久　當到着
矣　昨見李基白李光麟諸公書　知漢城殘暑大熾　開學後講義　大是苦
事云　未知其間學體淸健　鄕信陸續承平安字否　漢文短篇集中下卷
漸就頭緒否　出典解題　亦非容易　其屬海外蒐逸本者　在此作成　亦

似無妨　故　具書目錄於別紙　覽之可悉耳　僕　東來後　因風土稍異
虛耗之質　當益加調攝　而疎懶爲性　一向放倒　時自憫歎　每日晏起
至午前十時　出向東京大學　坐在研究室　左右圖書　任意抽考　乍覺
倦怠　則步出赤門外　喫茶看畫　至午後一二時　又往東洋文庫　繙閱
古籍而歸　大略一日中所事　如是而已　十月中　將遊關西地方　京都
大學　及大阪圖書館　所葆我先賢遺著　當次第入覽矣　日本複寫價格
太高　而我囊錢有限　不禁苦笑　凡此所獲　歸當與賢座共之　然　尙屬
玄機　惟賢座知之　不必向外人道也　一笑　餘在別紙　玆不一一

一九七七年　九月　十六日

別紙一

漢文短篇集出典解題

東稗洛誦

霅橋漫錄

靑邱野談　甲, 乙(成大本, 서울대　古圖書本　包含)

破睡篇

記聞拾遺

右諸種解題　在此作成　其外　不得不勞賢座手苦　諒之如何　右諸種外
若更有可以在此作成者　則勿憚提及　是仰耳


別紙二

漢文敎科書件

再昨　自文運堂以書來　要於十月末提出原稿(漢文 I, II)　又於十一月末
提出指導書原稿　余卽回答以不可能　若復強要則不得不解約之意申之
彼當往懇於賢座矣　幸加以商量　俾得有彼此圓滿結着之道　如何如何

與林熒澤敎授

　昨因京友書　知初雪被野　北漢連峰　便作銀屛玉筍　隔海遙望　不
禁淸興之發越　此是在來習氣　顧今世事多端　大非其時　又不覺憂思
之忡忡也　未審比辰　學體莊重　案有何書　漢文短篇較正紙　及出典
解題　並皆寄送于新林洞貴寓　想已入照矣　僕自十一月來　宿症頗作
意思不好　及至近日　左脚又微有痛勢　升降階段　時不免叫苦　蓋更
年之期　百病伺機　人生秖爾　大可歎也　長兒　自美國　累以書促行
又送到往復航空券　不得已以今月二十三日　發東京　過歲于美國中
部一小都市　因趁期入病院　受了診斷　若無大段事情　可於新年一月
中旬歸國　然　雲海萬裏　往返動費旬月　且醫師輩　又作如何說　非吾
所予測　歸期之早晚　似不可必　然　要不出一個月以上也　但漢文敎
科書　全委於賢座及李東歡敎授　今吾歸國　又此違期　尤不任愧悚
到此地頭　惟望賢座與李敎授　商議爲之　僕當從此撒手於此事矣　苦
笑苦笑　餘不能一一　更企情諒
一九七七年　十二月　六日


答林熒澤敎授

　惠翰　與兩集目錄　俱到　爲之欣釋　貞蕤集　國內本　無詩集卷二
國史編委刊行時　廣搜國內　終不得入手　有此缺陷　而今東洋文庫本
詩集四卷(每一卷　爲一冊)　首尾俱存　試取第二卷　一寓目焉　則其中
所載　俱是初見　而無非重要作品(視他卷　尤有價値)決不可放置　故
已書入「第三回蒐佚本目錄」中矣(卷首　無目次　不得複寫以送　可
恨)　雪橋集　爲六冊　而第一冊　爲詩鈔　視國內本　不過三分之一　又

無目次 其第二冊(甲集)以下 則有目次 複寫以送 視至 可悉矣(大
略比國內本 分量 幾乎三倍 蓋此是原本 而서울大本 則從此本 拔
萃以刊行者也) 貞蕤雪橋兩集 俱是精寫本 字畫整齊 冊樣美麗 直
付影印 無有不可 但此中所藏漢籍 不許電子複寫 只許寫眞攝影
有大中小三型 最小型一枚 爲日貨百圓 而非細事 故 雪橋集之入
諸蒐佚與否 方在商量中矣 『藝學錄』已囑庶務課撮影 二週日後
可得畢役云耳 昨日 亞細亞文化社長 有書來言 蒐佚本解題 尙今
未到 不得著手云 此亦可憫 須將此意 傳於對山高亭懷川諸友處
不必大費精力 只略略說過 以待讀者自得爲可 寧速無遲 至佳至佳
餘都掃不備

一九八二年 七月 十三日曉「又一扶桑小住」主人頓


往在丁巳年(一九七七年) 余寓東大宿舍時 一灘 書「扶桑小住」四
字 以寄來 今番出國時 一灘 更書「又一扶桑小住」六字 見贈 故
方揭之于松戶寓舍之北壁 日本親知輩 見此撮影以去者 頗多 寓中
以此等事 消遣 亦未始非一趣也 玆與吾絅人道之 雲海遙遙 如有
懷我者 亦以此及之


## 追伸

關於「蒐佚本」之論文 見囑於亞細亞社 已許執筆云 可幸 蓋余十
餘年來 海外漫遊中所得 不止一二 而此蒐佚事 亦屬重要 絅人已
知之 不必待余之呶呶矣 吾有刊行辭(短文) 已投送于亞細亞社編
輯部(出國前手交於權部長) 試取來一覽 或可有助於執筆否
洛下生稿刊行事 何如 此中東洋文庫本 元有二冊 又從今西文庫

(天理大)撮影以來者　合之　則全集　可成完璧　亦竢回示　白君所有
書目　可得一覽否


## 答林熒澤敎授

敬頌　新禧


　惠寄年賀狀　及敎科書初校本　俱得入手　感荷良深　仍審近日　以
敎科書編輯事　起居于雲堂旅館　費盡精力　顧賤軀　流落殊方不得助
一臂之力　愧悶何喻
　敎科書稿本　已經一次閱覽　順序之配列　及資料之選拔　俱極善美
多謝多謝　但其題目之表出　不可無一番檢討　且於字句之間　不免有
更加商量處　故　妄於紙面　恣意訂正　此極未安　然　敎科書　異於他
書　務歸精詳　不至於招人唇吻　爲可也　下諒如何　鄙人　自歲前　腰
痛及肩痛　並發　尙此爲苦　此是老化現象耶　人生秖爾　大可歎也　諸
般原稿　廢閣已久　乃國內諸公　不知此狀　督促文債　日甚　奈何　敎
科書稿本訂正處　吾非欲固執己見　惟在高眼取捨　是企耳　敎科書
當又有一稿本　並望寄送焉　若時日臨迫　不暇往返　則與對山　共加
檢照　提出當局　亦未爲不可也　餘不能一一奉道　惟冀情鑑
一九八三年一月五日

　敎科書稿本　今日　別封　同時付送　查收爲佳


「旅情」에　慧超의　詩　一首를　넣는　것이　어떨까　해서　別紙에　錄
送하니,　參考　仰望耳

東洋文庫에 『五天竺國傳』 原本 寫眞版이 있어서 必要하면 찍어보내겠으니, 回示如何


南天竺國 路上作

慧超
我國天涯北　日南無有鴈
他邦地角西　誰爲向林飛
(『往五天竺國傳』)


우리나라(新羅)는 하늘 가 북쪽
여기 이 낯선 곳 땅 한 모퉁이 西녘인데
太陽의 남쪽(먼 남쪽)에는 기러기도 없으니
누가 나를 爲해 故鄕 숲을 向해 날아줄건가
(나의 소식을 누가 내 고향으로 傳해주겠느냐는 뜻)


慧超— 新羅 聖德王代의 僧으로 弱冠에 入唐하여, 佛敎를 공부하다가 南海쪽으로해서 印度에 들어가 五印度를 두루 巡禮하고 파밀(蔥嶺) 高原을 거쳐 唐의 長安으로 돌아옴. 慧超는 이 曠絶한 旅行을 記錄으로 남겼으니 그것이 『往五天竺國傳』이다. 이 책은 세상에 傳해오지 않다가 一九一〇년 佛蘭西 東洋學者 펠리오에 의해 燉煌 千佛洞 石室에서 그 殘缺本 一卷이 發見되었음.

## 與林熒澤敎授

絅人淸照

此來情況　先飛一葉爲報矣　今日出遊新宿　遍覽書肆　關於漢文解
釋及其出題參考書冊　甚多　買得十數種　分其一半　附送于貴所　一
半則附送于對山處矣　對山處所送書冊　目錄在別紙　試一經眼　有可
以參考者　則相互借覽　爲佳　高等學校漢文敎科書　書肆無有　當從
親知家子弟　求得爲可　已轉託於東京人士　似乎不日入手矣（中學校
則原無漢文敎科書云）　並冀情諒　餘不宣

壬戌一九八二年　六月　於日本松戶


## 答許捲洙敎授（晉州慶尙大學校）

自吾左右　北學於中國　信息漠然　頗爲鬱寂　頃於郵中　獲承長牋
奉讀累復　頓令我懷開釋也　仍審動履淸勝　寶眷均吉　尤何等仰慰之
至　案有何書　成章幾篇　竝望示及　僕春夏來　關節之作苦者　尙未復
常　悶悶不已　天下名山水好人物　欲遍踏而盡識者　吾之平生素願而
今步行之艱　如此　公有何神謀　俾我得逐初志也耶　不禁一笑　左記
二種書　或可求得也否　新華書店　及琉璃廠等處　似或有之　其價亦
不甚高　可付諸航海便也　餘不能一一　只此爲報　恭冀情照

甲戌一九九四年　六月

## 與權五榮教授 (韓國精神文化研究院)

　　春殷　敬頌　學履珍重　鄙著『韓國古典之發見』再版(普及版)出於
市　玆以一冊仰呈　示至爲幸　前版　冊樣太大　冊價亦過高　頗爲讀者
負擔　今使之縮小　便於閱覽　且減其價格　爲六分之一　未知或有助
於一般學子也否　內容　別無修整　只關於『東文選』及惠岡部分　頗加
刪補　『惠岡年譜』因吾座提醒　其出生地及尙洞位置　竝已改訂耳
多謝多謝　退溪學研究院長　牢辭不得　將有就任之會　最所關心　在『
退溪學報』編輯與發行事　此事　惟吾座　爲我協助　俾免雌黃　是所懇
望也　當復以電話爲囑　姑此不備　更冀情諒

庚辰二〇〇〇年　四月


## 答李炳赫教授 (釜山大學校)

　　昨奉惠書　知其間　經內艱喪　又有脊鴒之痛　顧此愚劣　漠不聞知
負罪多矣　佑成　自去年悼亡之後　病廢日甚　雖日日出在實是學舍
與諸少友講討爲樂　然　以脚部不仁之故　咫尺至近之地　非乘用車
亦不得運軀　誠可寒心　『退老里誌』爲門內子弟輩教養圖書而作　非
欲廣布於世　乃因知舊要請　不免致煩於人眼　可咄　餘何當拜眉　以
敍積懷耶　不宣

甲申二〇〇四年　五月

## 官天下論

天下之大而一人爲之主　豈偶然哉　民歸之　鬼神助之　夷狄蠻貊來
格之　九州之內山川土地四瀆五嶽之靈　草木鳥獸虫魚之類　莫不環
而拱之　嚮而仰之　翕然而從其化然後　乃可以居天下之大位　行天下
之大道　而其位安　其道久矣　夫帝王者　如彼其難也　而得之者　代不
乏人　然則　人之力　可以致天下乎　曰非也　天命之也　天不命之　則
人雖有力　不能致也　然則天之以天下命乎其人者　爲其人乎　爲天下
乎　曰天下之物至衆　物無宰則亂　於是　鑑於人　擇聰明睿智　可以爲
其宰者　屬其權而掌其事　此則爲天下　非爲其人也　天之心　豈私於
一人　而以天下　供其富貴哉　然則古昔帝王之心　不以天下爲己有否
曰　堯之授舜　舜之授禹　何嘗以天下爲己有哉　今夫人　守其先世之
田宅　僕隸　一朝讓與於他人　而不顧其子孫　受之者　又不辭而遽取
爲己之産　則人孰不駭怪　彼爲子孫者　孰不憤怨　思欲復之也　堯以
高辛氏之子　襲踐其祚　臨其終也　不傳於丹朱而傳於舜　舜之受禪也
泰然不疑　晏然若理之固當焉　若是而天下不貳辭　丹朱不敢動者　無
他　亦不以天下爲己有故耳　帝王者　代天而理民者也　苟其德之可也
雖閭里匹夫　不嫌其賤也　德之不可也　雖帝王之子　亦在所不用也
此堯舜禹之所以相禪相受　而無所疑於其間也　父子相承　自夏始然
禹之得位　無不順於理也　傳乎啓　亦非禹之本意也　至於湯武　則吾
嘗反覆思之　終不能無憾焉　以臣伐君　逆也　而湯武不得已而行之者
以天命之在己也　抑天所以命湯武者　非爲湯武也　爲天下生靈也　而
湯武之後　乃有紂與幽厲　天本以湯武救生靈　而湯武　乃以其子孫
虐生靈　噫其可乎　蓋天命之所在　在於其身而已　不逮於其子孫　使
湯武　效堯舜之爲　薦賢於天　以繼其後　則後世雖欲不治　不得矣　殷
周以降　天下若一家之私産　漢曰　天下　劉氏之天下也　他人莫敢與

也 唐曰 天下 李氏之天下也 他人莫敢與也 於是 庸君昏主 相承
相襲 政衰法紊 而篡奪之禍作矣 其弊可勝道哉 然則禪受之法 可
以行之於後世否 曰可也 禪之者皆堯 受之者皆舜 則雖窮天地亙萬
古 無不可也

壬午一九四二年 七月

＊此西皐蛾術時期 習作之文 所論不足取也 姑存之 以見幼少時成長之軌跡


## 武王封箕子朝鮮論

『史記』載武王封箕子朝鮮之事 說者謂武王滅殷 不忍使湯之子孫
爲四夫庶人 立武庚 爲殷後 及武庚叛誅 復封微子於宋 箕子不欲
處九州之內 故就朝鮮而 封之 盖恤亡國之後而重當世之賢也
　余疑之曰 武王知箕子之心 必不欲置諸侯之列 箕子被武王之命
必不肯居朝鮮之地 當殷之末 箕子有言曰 殷其淪喪 我罔爲臣僕
其出朝鮮也 盖亦避周之天下也 武王旣知其不屈 當成其名節 以尊
尙之而已 安可以封爵累之乎 箕子旣避周而來朝鮮 朝鮮爲周之所
封 則又將避朝鮮 而浮於海矣 安肯居其地 居其地 猶且不肯 肯受
其封乎哉 且古者天子之化 不出於荒服之外 而我朝鮮遠在荒服之
外 貢獻往來之猶不相通 況封之云乎 當其初 箕子之聖德 未知也
武王之威化 未及也 檀君之子孫 絕於武丁時云 然旣有國 不得無
君 旣有君 安肯遽讓其國於異國之人 而自甘爲臣氓乎 此又不通之
論也 盖嘗思之 箕子之東渡也 有二意焉 目不忍見宗社之丘墟 義
不可仕姬氏之朝廷 超然遠去 以逐自靖之志 此一也 海左遼遠之地
未見禮樂文物之盛 用夏變夷 以明先王之道 此一也 國君迎而禮之
割地以居之 盖古者亡國之君 有寓於異國者 如『春秋』黎侯之寓衛

侯是也  箕子之居朝鮮  其初亦如是焉  其後  德惠漸洽  敎化稍行  則
一國之民  咸懷之  相率而歸  相與推戴之  如殷之民  捨紂而歸文王
也  於是乎  箕子  雖欲辭其位  而不得矣  箕子之君於朝鮮  盖如是而
已矣  若曰箕子受武王之封  爲朝鮮之君  則是藉天子之力  奪人之國
且其所謂殷其淪喪  我罔爲臣僕者  又惡在哉  或曰  箕子朝周  過故
殷墟  作「麥秀歌」  如子之言  則此亦不足信乎  曰  麥秀之歌  吾不知
其僞與眞也  其曰朝周則不可  箕子之於周  爲國客  書所謂虞賓  是
也  或者  天子以賓禮召之  而箕子以賓禮赴之否  此未可知也  孟子
曰  盡信書  不如無書  書且不可盡信  況史乎

壬午一九四二年 七月

＊此亦西皐蛾術時期  習作之文  姑存之  以備參考而已  所論不足爲據也


## 五就湯五就桀論


古之聖人  爲天下之望也  故其自處也甚重  自處也重  故其行與止
亦無所苟焉  孔子仕魯  燔肉不至而行  適衛  衛侯問陣而行  孟子遊
齊梁  言不用卽去之  聖人之於天下  其志雖切  而其自重無苟  又如
是也  方伊尹之操耒耜耕于野  囂囂然自樂其樂  非其義也  祿之以天
下  不顧也  繫馬千駟  不視也  及其出於世  五就湯五就桀  屑屑然往
來不已  有若庸人鄙夫之事君  惟患其不得者何哉  孟子謂湯之於伊
尹  學而後臣之  則湯之聘伊尹  伊尹之就湯  皆以賓師之禮  湯若遣
伊尹輔桀  則是逆伊尹之心也  伊尹之出於世  以湯不以桀也  若無三
幣之勤  則初不就乎湯也  就乎湯則但當左右乎湯而已  又使之轉而
仕桀之朝廷  則非湯所以待伊尹者  而伊尹亦失其所自重矣  桀之不
能用伊尹  湯之所知也  知其不能用而猶且進之者  人臣之道也  然一

不用則止　可也　何其來者遣之　退者進之　若是其頻煩也　伊尹之於
夏殷　皆非有君臣之定分　不愜於意則去矣　一就而不用　則再就　猶
非也　乃三就四就　以至於五就　何其苟哉　當是時　桀之暴虐日甚　天
下之民　陷於塗炭　伊尹自以天民之先覺者　急於拯濟　故以彼爲小節
而不暇顧歟　使孔子孟子當於此　吾知其必不如是也　雖然　伊尹亦聖
也　何事非君　何使非民　治亦進　亂亦進　思天下之民　有匹夫匹婦
不與被堯舜之澤　若我推而納之溝中　信乎孟子所謂聖之任者歟

壬午一九四二年　七月

＊此亦西皋蛾術時期　習作之文　姑存之　以備參考


## 仁者無敵論

　天地之間　理與勢而已　理勝之世　勢自定　勢勝之世　理或屈　理之
達也　可以順天下之心而王者之德惠公布焉　勢之極也　可以逆天
之心而匹夫之威權獨行焉　就天下國家之事古今人物之變之得失興
壞而理與勢之分可見　蓋順天下之心者取易而守固　逆天下之心者
取艱而守不久　然　方天下之相持也　莫强於勢　勢之所驅　理不得以
抗焉　勢之所抑　理不得以伸焉　傳曰仁者無敵　仁而無敵者　理之達
而然也　方天下之相持而乃欲以其仁　無敵於人　則固已難矣　況於天
下之相持而又終爲勢勝之世耶　且夫仁者　惡能必其無敵也　設若孔
子　遇盜跖於塗　彼逞其暴狠　以刃向之　則孔子　將以其堯舜之道　禦
之乎　孟子之時　四海騷擾　七雄虎視眈眈　惟恐鄰國之無釁可乘　或
若少懈武備　則危亡之禍　瞬息至　計其時　國於天下而能與立於相持
之地者　惟强且大者　而弱而間焉者　惴惴焉惟不保其命是懼　天下所
以汲汲於富彊之術也　天下方汲汲於富彊　而孟子　說諸侯以仁義　攻

爭侵略　朝夕以急　而孟子之言功　必在七八年之後　以其時貪慾僥幸
之徒　不能納其言也　固爾　獨余窃疑孟子遇於時　果遂其言矣乎　使
其時若梁惠王者　專聽孟子　行其所謂仁政　而省刑罰　薄賦斂　勤耕
耨　奬孝悌忠信　則梁之挺　果可以撻秦楚之甲兵矣乎　夫刑罰省則號
令不嚴厲也　賦斂薄則財用不充實也　耕耨勤則干戈非所習也　孝悌
忠信奬則勇悍巧謀　非所尙也　若秦楚之人　美其行仁政　不加之以不
義之兵　梁之治將成　而收其效　大矣　然　此在必無之事　則彼將日修
其器械　日鍊其隊伍　一旦有可乘之釁　聚千萬勁銳之士卒　向梁之境
而放之　風驅水溠　猛獸躎蹂　梁之人　敎化之尙未洽　而號令不嚴厲
矣　財用不充實矣　干戈非習而勇悍巧謀非所尙矣　猝然無以當之　則
吾不識孟子之復有何術以應之也　然　非孟子有所未盡也　特其時然
爾　藉如孟子　居湯武之位　值桀紂之末　則其勳業必不讓殷周之盛也
夫桀紂天子也　秦楚諸侯也　孟子可以放桀而伐紂　而顧不能服秦與
楚　嗚乎　此乃所謂勢也　桀紂臨天下　天下之民　同受殘虐於一君之
下　惰弛靡弊　惟日怨其上　有能撫而有之者　相率而歸之如父母　此
其易也　戰國異於是　各戴其主　各保其疆場　喜相擊而不喜相附　而
時君　皆役志於功利　不暇爲盤樂　徒取民怨　故政雖苛　民不肯捨而
之他也　是時天下　惟有力者　可以得志　而孟子之不能服秦與楚　玆
惟力不敵也　漢高祖　寬厚弘博　有仁者之度　而連戰連敗　陷於死地
者數焉　當天下之相持而力不敵故也　力之不敵而卒能殲項羽以統天
下　則理勝之世故也　若周季則惟勢爲勝　故秦始皇　以其力幷天下
此尤仁者之不可爲也　然　勢之在天下　豈力之所能取哉　力者待其勢
而後行　未有以其力　能取天下之勢者也　能取天下之勢者　曰惟智
智之於仁　又非力之比也　天下定則勢歸于一　天下亂則勢散　勢之散
也　獨智者　能先占取之　勢吾得而吾之力遂莫彊於天下矣　是有人焉
曰曹操也　操之力　其始也　遠不及袁紹輩　而獨能挾天子以令天下

則惟其智也　方先主之布衣也　仁心仁聞　已著於四海　而奔走半生
困厄於操者　智不足也　若不得諸葛孔明爲之左右　則雖其跨有荆益
卒爲操所餌矣　何者　操有奸雄之智　已取得天下之勢　而先主無之也
然則　力可以沮仁矣　智可以挫仁矣　仁之不可恃也如是　安在其能無
敵也　夫高祖先主　未爲仁之至者　孟子而任千乘之國　不能王天下
且不能自強　卽管晏之不若爾　豈孟子乎哉　余旣窃疑夫孟子之說而
旋不能無疑於吾說也　蘇轍　謂孟子告人而天下不信　凌遲及於秦漢
士益以功利爲急　言聖人者　皆以其所知　臆之　嗟夫　余亦以功利爲
急而以其所知臆之者歟　功利　人之私欲而一時之所爭也　仁義　人之
所以爲人而萬世之不可廢者也　聖人者　求爲萬世之法而不急乎一時
之人　孟子之立言　惡得而不如是　惜乎不適於時而不得於世　卒未能
大行其道　以極其中和之致而位天地育庶物　置其民於太平之域　迺
區區乎立言　其時旣不信於天下　而並與來世而未能彰其效也　吾於
是　盖嘗三歎焉　然　坐今之天下而守孟子之說以自是者　有之乎則吾
必與之辨矣　吾非敢好爲高議　誠以天下者　古今絶不類也　古所稱天
下　恒止於九州之內　而人無種族之別　地無風俗語音之殊　民亦慣受
治於一天子之下　故撫而有之　則九州之內　皆吾赤子也　今也　六大
洲之交通而紅毛黑齒黃顔白面之類　雜處寰區　同種則團結而成一體
獎勵之扶護之　而他族則捍之焉鬪之焉　其誰能統一夫今之天下　雖
有文王　不能來其民也　人之羣也　日趨於文明　而其接觸爭競　愈繁
愈劇　卒使弱者無安身之土　惟其彊而後　能生存於今世之天演界矣
故曰物競天擇　優勝劣敗　而更不容仁義之有所作用於其間也　此在
戰國　未始不然　而今則達于極也　然　古者地廣而人稀　故民吾歸也
則吾斯可以王天下矣　故梁惠王　以己之民　不加多於鄰國爲憂　而孟
子之說　有曰天下仕者皆欲立於王之朝　耕者皆欲耕於王之野　商賈
皆欲藏於王之市　觀乎此則孟子亦以來民爲務也　今天下生殖日繁

不患民之少而患乎地之少　故有地最大者　獨可以執牛耳於天下之盟
壇矣　不見夫泰西各國乎　自百餘年來　其政策　惟務移殖其民於國外
而未嘗以來民爲務　若美利堅者　素號合衆之國　而近亦制限於外人
之來而惟務進出於外　以致今日硝烟彈雨　彌漫於陸與空與洋者　探
其原因　果何在乎　於是之時　而猶嘐嘐然曰天下仕者皆欲立於王之
朝　耕者皆欲耕於王之野　商賈皆欲藏於王之市　則其迂也　不亦甚焉
已哉　孟子謂古不謂今　而或者　膠守之　不自覺其迂　或者斥其迂　幷
及古人　是二者　均非所以知孟子者也　然　吾將見仁者之良爲無敵
而彊之勢有時焉窮也　何以言之　今之交戰者　縱其有衆寡大小　而國
基之鞏固　足以當土地之廣也　民性之堅烈　足以當物資之富也　是力
不足以相制也　人之頭腦　次第開發　而奇謀偉略　出於人人　善測敵
情　昨有玄機　今卽抉出　非如古者一有豪士　可以籠絡天下　是智不
可以相欺也　夫惟力不足以相制　智不可以相欺　然後　乃在其仁與不
仁以決　老氏云抗兵相加　愛者勝矣　愛者仁之謂也　苟徒恃力與智
而肆其不仁者　不亦殆哉　果若是　仁者無敵之實　將昭然於後代之史
而今之世　其理勝之世之漸也夫

癸未一九四三年　季夏

＊此亦西皐蛾術時期習作之文　姑存之　以備參考


## 裏世界說


裏世界者　非古人之言也　亦非今人之言也　吾之所創造爾　吾何爲
創造此語　將以寫吾意也　何謂裏世界　是可以意會而不可以形容爲
也　盖凡人類之羣居而相逐　有宮室　有車馬者　此皆皮面之世界也
于其中而有裏世界焉　不入于其中者　無由知也　入其中有道乎　莫如

就吾之識之所逮而思究之也　思究之深而一有所契　則吾之頭腦　漸以開而悟解之門　漸以大　及用力苦而悟解之門一朝晃然其通而浩然其廣矣　則吾之身　邃入于其中矣　一入于其中　以觀於世界　則凡世界之現于吾眼　觸于吾心　而吾所以應之者　無不與前者迥異　以吾所坐之爲裏世界也　釋迦耶蘇有契於宗敎　而入于宗敎之門　以觀於世界　故凡其救衆生撫禽獸　無一非慈悲之心也　斯賓塞康德有契於哲學而入于哲學之門　以觀於世界　故凡其處事接人對時玩景　無一非高妙之思想也　天地萬物之理　至無窮也　若海之汗漫然　人徒見天地萬物而不知有其理　知有其理而鮮能有以見之者　何也　理在乎裏而吾所可見者　皮面也　今有人　以鳶飛魚躍　叩儒者而問之　則必訑訑然曰是費隱之理也　是上下流行活潑之理也　因復道子思之說而誦『大學』之註　其爲言甚詳然　問或及於天地萬物之理　則多懵焉而不能對　是特借古人之所喻　因以窺其一斑爾　未嘗望夫理之海也　目于窓隙　以見室內者　僅得一隅　不能盡三隅　以其在於外也　曷若入其室以坐乎其中也哉　孟子曰居之安則資之深　資之深則取之左右　逢其原　嗟乎取之左右而逢其原者　以其身坐在乎道之世界也　豈模仁倣義　苟且其行者之所可到哉　彼釋迦耶蘇斯賓塞康德之流　亦各占有其世界　而後之踵而起　入其世界　以闢新境者　不一而足　乃吾儒之道之在乎天下　其世界　亦已舊矣　而日就縮小　能入其中　以闢其荒蕪者　尙寥寥焉不聞　抑何故哉　余慨夫儒者之不能入于裏世界　但模仁倣義　苟且其行　而反訑訑然以窓隙之見自多也　於是　爲裏世界說

癸未一九四三年季夏

＊此亦蛾術時期之作　姑存之

## 韓國儒學史上退溪學派之形成及其展開

一

吾非性理學研究家　但以韓國歷史專攻之一學徒　平素頗留意於韓國思想史　而韓國思想史　不可不先從韓國儒學史着手　韓國儒學史又不可不於退溪學之來源與退溪學派之形成及其展開　先加檢討　茲因今次國際學術會議　略述所見　敬請諸大方之叱正焉

韓國先儒之論道統者　直推退溪爲朱子道統之嫡傳　此在韓國先儒文集　屢見不一見　不必擧例爲證　自退溪學之東傳日本　日本學者如山崎闇齋學派所屬諸人　亦同此見　藪愼庵・孤山父子　其尤也　愼庵嘗謂"百世之下　繼紫陽之緒者　退溪其人也"[1]　子孤山一遵父訓　嘗語其門人曰

孔子之學　傳之乎曾子子思　而傳乎孟子　孟子歿後　久失其傳　至宋程朱二子　深求始得焉　其學傳乎朝鮮李退溪　退溪而傳之乎我國山崎闇齋　闇齋而傳之乎我先府君愼庵先生　先生傳之乎吾　吾今傳之乎汝　汝其自重[2]

孤山　將孔孟以來之道統　屬之乎自家父子　其言之妥當與否　茲不必論　但其意　以退溪爲朱子嫡傳　則與韓國先儒　無小異也

韓國儒學　在退溪以前　已發展到相當之水準　有若鄭圃隱・金寒暄・李晦齋諸先生者　先後登場　闡發斯文　恢張國華　而退溪　集而成焉　然　退溪之學　實不出師承　直因私淑朱子　以至于大成　故韓日兩國之儒者　皆言之如此　蓋以退溪直受朱子心法　不容他人之介在乎其間也　然則吾人　於退溪學之來源　無庸贅言　只就退溪學派之形

---


1)「題繕本朱子書節要首」『愼庵遺稿』卷六

2) 從高橋亨「李朝儒學史上主理派主氣派發達」再引用『朝鮮支那文化之研究』一七七頁

成及其展開 述其大系 可也

二

近世晉州河晦峯謙鎭所著『東儒學案』 關於退溪 特設『陶山學案』
而敍之曰

　　自有吾邦儒學以來 經術德行之備 無如退溪 自有吾邦儒學以來 授
受淵源之盛 無如退溪 …… 退溪之後 遺風餘敎 藹然被於嶺南兩湖畿
甸海西之間 儒賢蔚起 幾於上軼齊魯之文化 雖其間 或不無自立門戶
論議識見之有小異者 而所異者 文義也 其大體則悉本於退溪 無異辭
也 是以此陶山學案者 只取其門弟弟子及私淑而已矣 而其實 非但爲
陶山學案 乃吾邦上下一千年儒學大一統之學案也[3]

　　晦峯河氏 以陶山學案 爲韓國儒學大一統之學案 其言 似稍過當
且其中所云‘自立門戶’者 蓋指李栗谷也 而栗谷學派之論議識見 其
與退溪異者 不僅止於文義而已也 然 退溪在韓國儒學史上之地位
及其影響 實有如河氏所論 盖退溪之後 韓國儒者 其支持退溪理論
者 無論已 卽其反對者 亦莫不以退溪理論 爲其立論之大前提 韓
國儒學之理論 捨退溪 實無有其出發點也

　　但河氏所論退溪風敎之漸被範圍 悉擧嶺南兩湖畿甸海西地方 此
是汎論退溪以後韓國域中所形成之儒敎文化地帶 非謂此等地方之
儒者 盡屬於退溪學派也

　　吾人 通稱退溪學統 爲嶺南學派 栗谷學統爲畿湖學派 嶺南 幾
乎退溪學統一色 畿湖則栗谷學統人士居多故也 然 此就其大勢言

———————————

3)『東儒學案』卷上 第三編

之耳　其實　畿湖中　近畿一帶　別有紹述退溪者　自成一學派　於心性
理氣之說　多深造獨創　而兼治實證實用之學　在韓國儒學史上　劃一
新紀元　卽近來韓國學界所共吹噓之‘實學派’中一系也　吾嘗就此派
而名之曰‘近畿學派’[4]　以區別於一般所稱之畿湖學派(栗谷學派)　而
吾嘗草「實學研究序說」[5]其中　分實學爲三派　一曰　經世致用派　二
曰　利用厚生派　三曰　實事求是派　上所云近畿學派　卽此三派中經
世致用派之謂也

　　從來　著韓國儒學史者　只說嶺南是退溪學統　至於退溪與近畿學派
之繼承關係　別無言及　今日少輩中　論實學源流者　或有以近畿諸子
爲祖述栗谷之學者　是大不可　綜而言之　退溪學之後繼者　嶺南固是
本宗　而近畿亦大振厥緒者　吾人於此　不可不明示其授受淵源也
　　近世昌寧曹深齋兢燮　亦嘗論此　有獨到之點　其言曰


　　蓋自陶山以後　宗而學者　有嶺畿之二派　嶺學　精嚴　常主於反經守約
畿學　宏博　多急於應用救時　嶺學　歷錦陽(李葛庵玄逸)　蘇湖(李大山象
靖)　以至於定齋柳氏(致明)　畿學從星湖(李瀷)　順庵(安鼎福)　以至於
性齋許氏(傳)　派流益漫　門庭浸廣[7]


　　深齋曹氏　首言退溪學統　分爲嶺南近畿之二派　次言嶺畿學風之差
異與特色　次言嶺畿二派之構成人物　其於退溪學派全體之動向　似乎
一目瞭然矣　但曹氏所言二派人物　嶺學　只擧李葛庵以下　畿學　只擧
李星湖以下　葛庵星湖之距退溪　皆有一二世紀之隔差　其間之師承關

---

4) 拙稿「李朝後期　近畿學派　正統論之展開」『歷史學報』第二十一輯　所載
5) 『實學研究入門』所收
6) 『東儒學案』錄磻溪星湖於「經世諸儒學案」李丙燾『韓國儒學史草稿』題以「畿下南人學
　　派」而並不及於退溪學派之繼承關係
7) 『深齋集』卷二七「朴晚醒先生墓碣銘序」

係 屬於空白 吾人於此 當備悉其實狀 以補完乎曺氏之所論也

三

考『陶山及門諸賢錄』 所載人士 至二百六十餘人之多 宏才碩德
磊落相望 而其中 有年齒相等 只是從遊 不可便謂之弟子者(盧蘇
齋·鄭秋巒 等) 亦有以年少後生 往復問答 極加尊敬 而但不以直
系弟子自處者(李栗谷·成牛溪 等) 且其分布 遍於全國 而以當時
師門高足 能自樹壁壘 爲後日自派之祖師者 不過二三子 而俱是嶺
南之人 若金鶴峯(誠一)·柳西崖(成龍)·鄭寒岡(逑) 是也 此三君
子 各有衣鉢之傳 西崖 鶴峰 有張敬堂(興孝) 鄭愚伏(經世) 寒岡
有許眉叟(穆) 皆以退溪再傳之學者 在退溪學派之形成期 占有重
要之位置 今以曺氏所言二派人物 配置於其下 又添入幾個人物 以
之作成一圖表

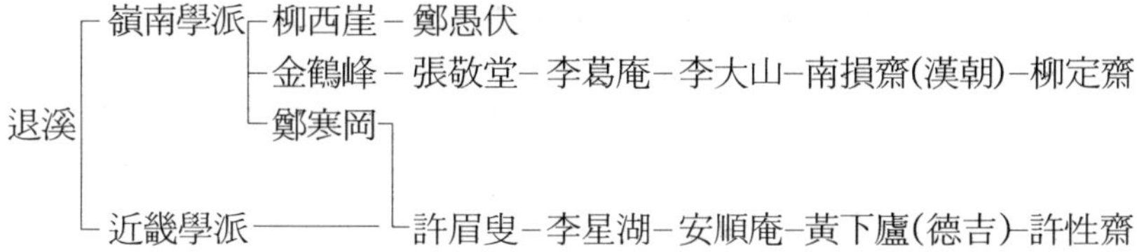


嶺南學派之授受淵源 載在一般儒學史中 已屬常識 無庸置喙 近
畿學派則似當有補充說明 觀此圖表 則許眉叟 爲近畿學派開山之
祖 而其學 出自嶺南之鄭寒岡 寒岡一生 始終於嶺南 數百門徒 俱
是嶺南人士 而乃此近畿出身許眉叟 以最年少之弟子 來遊門下 遂
見畿學之成立焉 但星湖生晚 未得親受業於眉叟 只因父兄之傳授
爲眉叟之私淑弟子 然 星湖之爲眉叟嫡傳 則自他所共認也 蔡樊庵
濟恭 銘星湖墓而序之曰

吾道自有統緒　退溪　我東夫子也　以其道而傳之寒岡　寒岡以其道而
傳之眉叟　先生(星湖)　私淑於眉叟者　學眉叟而以接夫退溪之緒　後之學
者　知斯文之嫡嫡相承[8]


樊庵蔡氏　以眉叟星湖　爲退溪以後嫡嫡相承之斯文主脉　此不獨
蔡公之言　乃近畿學派共通之主張也

但吾人　於此圖表　又不得不引起二個問題　皆於曹氏所論　欲更加
補完也

一　曹氏所擧嶺學人物　只是鶴峰之系統　而於西崖愚伏之後繼者
無一言之及焉　吾始疑曹氏因自身之所屬系統而未免偏擧　及其後尋
常考閱嶺南文獻　以至一般儒學史　亦於愚伏之後　不見有繼承者　是
可憾也　吾近從西崖後人　得一淵源圖　而因入手日淺　未及詳細認證
只得以原圖移記於此　以供一考


```
                 ┌─ 柳修岩(袗)─鄭無添齋(道應)
西崖─愚伏 ┤
                 └─ 柳拙齋(元之)─柳寓軒(世鳴)─柳主一齋(後章)─李水月
                      軒(集)─朴南野(遜慶)─鄭立齋(宗魯)─柳江皋(尋春)
                      ─柳溪堂(疇睦)
```


二　曹氏　於畿學人物　亦未免偏擧　畿學　至星湖大闡　而星湖門下
復有老少間思想之對立　安順庵　是代表老成層之穩健主義者也　而
權鹿庵(哲身)　爲少壯層急進主義者之領袖也　順庵之弟子黃下廬
鹿庵之弟子丁巽庵若銓丁茶山若鏞兄弟　最著于世　而其關於經典解
釋及西洋文化受容之態度　大相逕庭　吾人須將星湖門徒　分之爲左

---

8)『樊庵集』卷五一

右兩派然後　各其志趣方向　纔可以見得鮮明　是余近日持論[9]　向者
曹氏所擧　只是星湖右派系統　未足以盡畿學之全體也　復作圖表　以
便考覽

```
                 ┌ 右派 ─ 安順庵 ─ 黃下盧 ─ 許性齋
眉叟 ─ 星湖 ┤
                 └ 左派 ─ 權鹿庵 ┬ 丁巽庵
                                  └ 丁茶山
```

　星湖　以實學大家　公心高眼　未嘗囿於黨派之習　其論時政　以栗
谷爲識務之最　而於四端七情之論爭　擁護退溪而批判栗谷　又嘗編
次退溪言行　爲『道東錄』授其弟子　星湖之尊慕退溪至矣　是以星湖
之後　左右兩派思想之對立深刻　而至於尊慕退溪則無異辭焉　安順
庵改編『道東錄』爲『李子粹語』傳之黃下盧　因以爲自派傳授旨訣
權鹿庵　持心恪恭　深有契於退溪之敬思想　中間　悅陽明學　後因入
於天主敎以死　而其於退溪　尊慕如初　丁氏兄弟　亦嘗入於天主敎
茶山　趑卽斷手　而至老愛用'昭事上帝'等語　亦可見其於心學　實有
所事也　茶山　以天主敎事　左遷金井驛丞　因著『陶山私淑錄』以之
寤寐退溪　退溪　嘗戒學者以'持心貴在不欺'茶山所云'昭事上帝'實
出於此也　星湖左派　於朱子學說　大有批判的見解[10]　而却於退溪
篤信不變　吾甚異之　近來　似可得理解　而今姑不敢明言也


四
欲述韓國儒學史上退溪學派之形成及其展開　第一　須先明其時代

---

9) 拙稿「許傳全集解題」亞細亞文化社版
10) 權鹿庵　以星湖左派領袖　批判朱子學說　爲最多　惜其文散佚不傳　只於與安順庵往復論
　　學書牘中窺其一二

事情與歷史的背景　第二　須於思想內容　追求其發展與分化過程　第三　又須與其他學派　比較考察　具此三個要件然後　乃能自完其體裁　而今皆不暇及焉　關於此點　容俟在次回會議報告　茲不具述.

己未一九七九年　五月　於臺北

# 退溪關於朱子學之歷史發展的認識體系
### 關於退溪所編的『宋季元明理學通錄』

## 一

退溪先生爲韓國有史以來第一儒宗　而天性謙恭　未嘗以著書立說爲家計　觀其文集　卷帙浩大　而其中論道論學之文　大半是與門人知舊往復答問之書束而已　其所編　有『朱子書節要』『宋季元明理學通錄』二種書　實有注目之價值者『朱子書節要』已經許多國內國外學者之論考　惟『宋季元明理學通錄』尚未有加以照明者　吾於性理之學　非專門研究者　但以韓國歷史學徒　平素頗留意於本邦思想史　今於國際退溪學會之席　茲以『宋季元明理學通錄』略述所見　以請諸君子之指教焉

## 二

『宋季元明理學通錄』(以下簡稱『理學通錄』)有『本集』『外集』之別『本集』起自南宋徽國文公朱先生　歷述宋季朱門諸子　及朱子‧張南軒後私淑諸子　以至元明諸子　四百八十餘人　合十一卷五冊『外集』自陸復齋象山兄弟　至胡長孺　四十三人　不分卷　而爲一冊

『本集』大略垂成於朝鮮明宗十八年癸亥(明嘉靖四十二年)退溪歿前七年也　已有自作序文　以道其趣旨與方法『外集』則在稿未脫　生時

不曾出以示人　及其歿後　門人子弟乃發諸巾衍而繕寫成編　以宣祖八年乙亥(明萬曆三年)　並本『外集』刊刻於安東府　始行於世者也

今觀其書　體例已定　布置亦齊整　然　間有資料之附入者　無關於體例　亦不以其時代之先後　讀者頗覺混迷　蓋此是退溪晚年未完成之書　方求得資料　移托紙片　將爲隨得隨補之地　而退溪遽捐館舍矣　門人子弟　非不知也　而以其爲先師手記　不可妄有刪棄　又不敢妄爲採錄　且不忍變易其序次　只得校正魚魯之訛　以入梓　故不免於是　觀於門人月川趙穆之跋語　可知也

然吾人因此有以知退溪之於是書　寄意之勤　用心之苦　大非尋常者也　當時韓國與中國之交通　只有年貢使節來往一條路　文物之交流　亦僅依存於使節之來往　故間有中國書籍之東來者　大概由北京傳於漢京　歸於宮中秘府　或有士大夫幸而得之者　亦屬私藏　難冀其公開　韓國早以印刷文化見推　然因民間財力之未充　民間印刷無由發達　只憑中央與地方之官印　求得經書與國故文獻而已　故新書之至自北京者　視之如眞珠寶玉矣　退溪生長嶺外寒索之家　登科以後雖出入漢京　而不樂仕進　歸臥鄉廬者　十常八九　其在大陸文化之接觸　邈乎其難矣

退溪之尊慕朱子而其得『朱子大全』書　在中宗三十八癸卯(明嘉靖二十二年)　校書館版出現以後　已屬退溪四十代後半　國內版本　尙如此　況於中國新書乎　退溪之編『理學通錄』也　其第一難關　爲中國資料入手問題　故似已從京中知舊　廣囑　求得數件矣　曾於明宗十七年壬戌(明嘉靖四十一年)　『伊洛淵源錄』之刊行於慶州也　退溪題其跋曰

有『論語』　則孔顏之道不墜於地　有『淵源錄』　則周程之緒可傳於後　南渡以來　道學中興之盛　追踪乎伊洛而潚發其淵源矣　而『言行錄』所載　僅

止於朱張諸先生而已　自餘諸子之彬彬　並未有紀傳之者　此天臺謝公所
以有『淵源續錄』之作也　就其二錄之中　『元錄』已行於東方而又幸有南原
刊本　『續錄』則未也　故人莫能知有是書　往者　金江陵添慶得之燕肆而來
洪佐郎仁慶　轉借寄示於滉　已而泗川李龜岩楨　出尹東都　以諸友之意
來索其本　將以刊行之　且要滉考訂其謬訛　……　龜岩以爲『續錄』之行　不
與『元錄』同之　則如水之有委而無源　於是　合兩錄而通爲一帙　用以白於
監司南公忱　分諸數邑而補之梓焉　使此道之傳　前後畢備庶幾學者　因是
疏論其源流而有得於心焉　其有補於此學而嘉惠於後來者爲如何哉[1]

吾人從退溪此文　知當時韓國之學者　初未知有謝鐸之『伊洛淵源
續錄』乃金添慶　購得於北京書市　由洪仁慶轉致退溪　又由退溪傳於
李楨(慶州府尹)　因得南忱(慶尙監司)協助　以數邑之力　竟得出版焉
按謝鐸　字鳴治　天臺人　天順進士　弘治中禮部右侍郎　諡文肅　十五
世紀後半期之學者也　退溪此文深致意於謝鐸之『伊洛淵源續錄』而
其翌年『理學通錄』本集成焉　則『理學通錄』與謝氏『續錄』之有相關
關係　似或可以推定矣　當時謝氏『續錄』之外　別有楊廉之『伊洛淵源
錄新增』一書　曾經退溪引用　然其書之東傳　在於何時　從何路徑　俱
未可知　且於現今我國各種藏書目錄中　未見有此書名　可異也　退溪
嘗論靜坐之學　謂靜坐在延平朱子　則爲心學之本原而非禪也　如白
沙醫閭　則爲厭事求定而入於禪　然　醫閭比之白沙　又較近實而正
……　因附書其下曰

滉旣爲此說而頗自覺語意之疎　後得豐城楊廉『伊洛淵源錄新增』見其
於明道錄下。引朱子答張元德書所論明道教人靜坐之說而廉自爲之辨曰

---

1)「伊洛淵源錄跋」『退溪全書』第一三六頁

…… 伊川 不用靜字 只用敬字 則已慮靜之爲有偏矣 …… 楊公此論 與鄒說相發 而辨析完密[2]

觀此則楊廉之『伊洛淵源錄新增』 不但搜輯淵源諸子之事狀 附以自己之論辨 具有學術的性格 而今無從一寓目焉 可憾也 按楊廉字方震 豊城人 成化進士 嘉靖初 遷尙書 諡文恪 與羅欽順善 亦是十五世紀後半期之學者 而稍後於謝鐸者也 楊氏又有『皇明理學名臣言行錄』 退溪之編『理學通錄』至明諸子 自薛敬軒吳康齋以下十五人 以其已見於楊氏之『理學名臣言行錄』 只書其名 至其事狀則將襲用楊氏之舊 其書之有補於『理學通錄』 可想也

三

『理學通錄』之體裁 由『伊洛淵源錄』演變而來者 不可誣也 而前乎退溪 已有謝氏之『續錄』楊氏之『新增』 何庸爲架疊 謝鐸楊廉二公 距退溪不過爲百年前後人物 『續錄』『新增』二書之東來 又非甚久 乃者退溪 以海外人 務求中國文獻 耗費心力 別爲『理學通錄』何也

退溪於朱子學 深造自得 嚴於正邪眞僞之分 視謝楊二公之書 多有不滿於意者 對於謝氏之『續錄』 當時已有人言 蓋『續錄』於朱門諸子 選錄不廣 退溪跋中有曰

抑朱門授受成德達材之倫 如彼其盛 而謝公 獨取夫若干人而止 且其意 似若歸重於天臺數公 或者疑焉 然 當見宋潛溪之言 曰自我文公紹伊洛之正傳 傳道授業者 幾遍大江之南 而天臺爲極盛 …… 則其以

---

2) 同上書 第九二六頁

天臺爲道學之盛　固亦天下之公論也　若謂謝公　以鄕郡之故　未免有私
於取舍之間　則其待謝公也　不亦太疏乎[3]

退溪雖辯護謝氏　而吾人　可以得其示唆於辭語之間矣　其後　至康
熙五十年辛卯　儀封張伯行　改撰『續錄』出版於姑蘇之正義堂　亦必
有意也　楊氏之『新增』　未詳其內容　至於『理學名臣言行錄』在『理學
通論』中　受容甚多　然亦有取與不公之嫌　例如月川曹端問題是也
退溪手托中　有別紙所錄　乃曹端之事狀　而其末有附書一段曰

　按曹月川學行　猶在吳康齋與弼之右　楊方震『理學錄』　乃載康齋而遺
　月川　豈微其爲敎官耶　正德中　大司馬彭韋菴澤　稱曹月川爲本朝理學
　之冠　欲擧從祀孔子廟庭　嘗致書河南李巡撫　曰"我朝一代文明之盛　經
　濟之學　莫盛於誠意伯劉公潛溪宋公　至於道學之傳　則斷自澠池曹月川
　先生始也"尙論君子　宜考於斯[4]

退溪旣附曹月川書如此　因就其事狀　節略以成'月川先生曹端'條
項焉　余考梨洲黃宗羲『明儒學案』卷首'師說'列敍方正學孝孺以下諸
賢　而曹月川爲第二人　其下按說　亦用彭澤之言爲證　梨洲之後於退
溪近於百年　而關於此項　若合符節　可謂奇矣　楊氏自以吳康齋學統
(楊氏受業於吳康齋門人胡九韶)　擧康齋而遺月川　何其陋哉
退溪　以思想源頭　不可相混　而學派之界限　當明白確實　故於『理
學通錄』中　有『本集』『外集』之別　『外集』自陸象山以下　理論之不合
於朱子者　行爲之有背於朱子者　一並收載　『本集』則蔡西山黃勉齋
以下　屬於朱學之正統者　與夫當日及門之徒　始終誠實向仰者　自

---

3) 同上書 第一三六頁
4) 同上書 第二五八頁

『宋史·道學傳』外　一言一行之有見於『朱子語類』『大全』及『實紀』
等書者　拔萃記入　纖悉無遺焉

　　然『本集』所收明諸子中　如陳白沙　名在十五人中　羅整菴　以別紙
所錄　同曹月川載在卷頭　揆以退溪平日所論　此兩公　不當在『本集』
門人趙穆之跋　言及此事　曰

　　　楊氏之錄　雖名理學　竊考其間　似有不盡出於程朱之緒餘　如陳白沙
　　顯是禪會　陳淸瀾建　於皇明通紀中　亦有所云云　未知先師取舍　終以爲
　　何如也 …… 整菴則其所著『困知記』一書　名爲尊尙程朱　而於其的確已
　　定之論　一切致疑 …… 至詆朱子爲終身誤認理氣爲二物　常若有未滿之
　　意　顯然自以所見爲透得程朱未到之地 …… 竊恐其蔽　不但知之不明信
　　之不篤而已 …… 先師晩年所論甚不取　假使當時　並成'明諸子錄'如整
　　菴　當別有所處矣[5]

此雖趙穆之言　實無異退溪之言『理學通錄』爲未完成之書　梳洗
有未盡處　致有此疑問　讀者當諒之也　退溪之編『理學通錄』正以謝
楊等既存書物之有不可全靠者也　而却因梳洗未盡　竟爲未完成之書
可恨也

　　然吾以爲『理學通錄』在退溪別有深意存焉於其間　蓋退溪以韓國
人　生於朱子四百載之後　精心造道　深得其眞髓　而自以所得　分諸
同胞　而欲因以淑人心醫世道　此出於憂國愛民之誠衷　而世無有深
體其意者　退溪自身　雖不由師承　而謂今天下理學正脈　相承不絶
爲萬世開太平之原理　且將擴散　吾邦不可自外於此時代之趨勢　以
此觀點　開曉衆人　此『理學通錄』之所以編成也　嘗有詩曰

---

5) 同上書 第五二六頁

末世天無改　　吾東聖欲居
魯風猶可變　　箕訓詎成虛
前輩文華勝　　今人術業疏
有誰能自奮　　躬道向經書[6]


　　云末世　天理流行　古今無改　吾邦自古爲聖人之所欲居　他日　當
爲一變至道之魯也　乃我先輩　自羅麗以來　唯以文華相勝　而今日號
爲學問之士者　又疏於術業　此當爲吾輩奮發邁進之秋也　退溪此詩
雖不過一時感興之作　然吟而味之　實有歷史的自覺之一面『理學通
錄』之編成　亦當於此看得其動機也
　　天下之事　每多有不如意者　退溪之後　士林執權　雖有一時淸議主
導政局之勢　旋以外侵　擧國被禍(壬辰倭亂)　韓中兩國　同一厄會　不
必重提　而先賢憂患之深意　當體而存之　庶幾有小補於繼往啓來之
使命云

己巳一九八九年　十月　於京


# 星湖李瀷之春秋書法論批判及其聖人觀

　　一

　　星湖李瀷(1681~1763)　爲十八世紀韓國實學派之中心人物　其時
擧一國　崇信宋學　學者　擧皆汨沒於心性理氣之論　而星湖之學　注
重于實用實證　唱導‘經世致用’之學風　子弟及其門徒　述其學者甚盛
後人稱之曰實學派　以其所居在畿甸近地　故又稱之曰近畿學派

---

6) 同上書 第五二六頁

實學派之特色　在於研究政治經濟社會的現實問題　主張改革　而欲以其主張　說向人人　必須先從經傳中求得其根據乃可　於是　將經傳加以新解釋　以保證其主張之妥當性　此實學派之經說也　實學派之末期　有茶山丁若鏞　集諸說而大成　而茶山之學　實出于星湖　故實學派之經學　亦由星湖而成立

星湖　學極博　著述甚富　於易詩書論孟庸學等諸經傳　各有成書名以'疾書'者　數十編　而獨於『春秋』未有成書　似有深意　而今不敢率易爲言也　然　其論春秋諸條　載於『星湖僿說』之經史門　雖是斷片的記錄　而其見解　亦有獨到之處　今來　將此題目　略述所見　以求大方之叱正

二

星湖　對于『春秋』經傳　頗有懷疑的態度　似不欲賦與以至高價值其言曰

聖人作『春秋』而亂臣賊子懼　今考正經　只加一二字　都無事實　千載之下　依稀臆探　其能有小懲大創　思所以改行易慮耶　意者　當時　魯史俱備　事或緣亂　混是淪非　聖人就其中　覈其情實爲標題　如今通鑑有網至于實跡則付之本事而已　非謂舍其傳而孤行其經　後人遂剔採聖人之筆　以爲斯足以威罰百代之人　非本旨也[1]

此種見解　在中國先儒中　亦應有之　然　自孟子專尙『春秋』後世儒者　對於『春秋』有神聖視的觀念　曲加解釋　議論甚長　至於胡氏傳而極矣　星湖　乃以『春秋』經文　爲魯史重要事實之標題　不可離魯

---

1)「春秋經傳」『星湖僿說類選』卷六　頁三六　文光書林版

史而孤行 後人之看作 '威罰百代'之書者 亦非孔子本旨 星湖之言
可謂破格的主張矣

星湖 關于『春秋』書法 逐處批判先儒說 例如'不書卽位'問題 論曰

程子曰『春秋』大義數十 其一則'不書卽位' 先儒許多解說 恐皆不叶
此左氏'攝也'一句 有以亂之也 左氏而有此 其餘奚論 按君薨 有不待明
年先卽位者 …… 隱公之立 蓋在危疑之間而不待明年 故 至元年 遂無
事 …… 隱公 魯之先公 旣定位君臣 而孔子其敢削之耶 若然 '始賢君'
之意安在 隱與恒 以分則等也 以年則長也 胡爲而攝哉 只因菟裘之諭
當時 已有傳會 宜乎史闕文之今也則無[2]

星湖 以隱公元年之不書卽位 由乎隱公已經前年卽位 非以其攝
也 又非可以大義有所云云也 星湖 只從歷史事實上 分析事理 把
握實體 導出平易之結論 將先儒許多解說 歸之不計 又如 葬卒問
題 論曰

至哀公之母姒氏 不稱夫人 卒不書死 葬不書小君 左氏云不赴不襯
公羊云哀未君也 此不特爲哀公立未逾年 三家擅柄 君不君臣不臣 久
矣 哀公欲尊其所生 得乎 何以明之 至十三年夏 孟子卒 孟子者 昭公
夫人也 只云'孟子卒' 說者以爲孔子筆法 然 旣說其姓而稱孟子 位若未
貶 則書以'夫人子氏死 葬我小君孟子' 又何妨乎 昭公之娶 欲去三家之
權 故 結好强吳 不憚同姓 此季氏之所深惡也 後 昭公以之逃亂乾侯
國無主者數年 旣歿 葬於墓道之南 君且如此 況不命於天子之小君乎
意者 孟子之生存 不以夫人之禮 貶其爵號 與群妾等 而昭定哀三世之

<hr>

2) 「不書卽位」『星湖僿說類選』卷六 頁二九

間 不能措其手足 惟三家是從 其卒葬 不得不依此書也 國家之所處如
此 聖人又安得異其例耶 推此見之哀公之母 亦猶是也[3]


星湖 以昭公夫人之喪 只書'孟子卒'者 非以其娶同姓也 哀公母姒
氏之喪不書死 葬不書小君者 非以其不赴不祔 與哀公立未逾年也
蓋由當時三家擅權 君不君 臣不臣 孟子與群妾等 而哀公不得尊其
母 其卒葬 不得不依其情況而書之 此非可以書法論者也 星湖史論
每注意於政治力學之關係及事勢之有不得不爾者 於此段 亦然
　『春秋』書法 最爲紛紜者'書弒'問題也 趙盾·許止等事 尤屬千古
疑案 星湖將左穀諸家之說 置之度外 獨自爲說曰


匿行胸臆 躱身閃避 非特筆不明 如晉之盾 丘明 因夫子之言曰爲法
受惡 許止 穀梁謂嗑不容粒 此皆謬妄 弒父與君 天下之極惡 不可輕
加於人 審矣 盾之賢 苟無黏手惹脚 寧有爲法而安受之理 夫子之聖
又豈有無其實而歸獄之義哉 亡不越境 卽其斷案 則此以不越境弒者也
止之孝 自責而至於死 君子恕人 豈有因其自責 加之惡名之道 苟知若
此 止將不自責之爲愈也 穀梁之志 荒矣 不嘗藥 卽其斷案 卽此以不
嘗藥弒也 余以聖人之筆斷之 左穀以下 有不盡信也[4]


星湖 以趙盾之爲法受惡 許止之嗑不容粒 爲左穀謬妄之見 據聖
人之筆 斷以弒君之賊 蓋盾與止匿行胸臆躱身閃避之類 聖人必於
心跡之間 見其如此 故 特著焉 非故以書法 非弒而書弒者也
　星湖 旣言左穀以下 有不盡信 而至於聖人之筆 亦未嘗盲從 如
楚圍之事是也 其言曰

---


3) 「妾母」『星湖僿說類選』卷六 頁三二
4) 「春秋書弒」『星湖僿說類選』卷六 頁三四

圍之弑麇也　弑也而書卒　胡氏以爲中國之力　莫能致討　將恐天下後
世　以簒賊非獨不致討，又可從而主盟而無惡　故　權輕重而略之　此說亦
迂矣　烏足以知聖人坦蕩之心者哉　魯之於楚　不啻風馬牛也　耳目之外
雖聖智　有不可臆揣也　左氏云圍入問疾　縊之　其事隱而未顯也　又云使
赴於鄭　亦以正終　聞於諸侯也　夫子亦據所聞而書之　左氏之錄　卽後來
鉤得其實也　徒以聖無不知　故　爲此委曲之論　殊不知聖人亦人也　於其
所不知　闕如也　聖人之心　如白日　光之所照　無不洞明　物之所蔽　亦有
時而不燭『春秋』之書　是也[5]

星湖　謂麇之被弑而見書以卒　非如胡氏所云權輕重而略之之意
只因當時其事未顯而孔子據其所聞而書之者也　此非可以書法論者
聖人之筆　蓋由事實之未確認而不免有誤書者　不必曲爲之諱　亦不
必委曲爲說也『春秋』書弑　或稱國　或稱人　說者謂稱國而弑君　罪
在君也　星湖指摘其乖謬曰

使君無道　臣亦可弑耶　如楚之圍齊之商人之類　其惡難掩　猶不稱國
何也　意者　一筆一削　猶恐一事之有誤　一人之非辜　故　其在他國　賊或
不得　則不可以傳聞而斷罪也　稱國而不稱人　聖人愼之也[6]

星湖謂事在他國　有未可以確認者　聖人不欲以弑逆大罪　輕加於
人　故　只稱國而不稱人而已　此亦非可以書法論者也　聖人愼之　四
字　丁麇之書卒　亦可以意會也
星湖　關于『春秋』書法之批判　此外尙有三四條　今姑略之　以見其
大者

<hr>

5)「春秋書弑」『星湖僿說類選』卷六　頁三四
6)「春秋書弑」『星湖僿說類選』卷六　頁三四

三

　星湖當時　韓國性理學之權威主義　達於頂點　與朝鮮王朝體制　成
爲表裏一體　程朱之說　一言半句　不得有所雌黃　其勁直之風氣　可
想也　實學派之經學　在此風氣中　開一條新生路脉　雖未能一擧推倒
慣習擺脫桎梏　而不主先入　務求實是　將名分主義・形式主義逐一
批判　漸次向權威主義　圖得自己解放　至丁茶山　成就得掉尾大業
而星湖　實爲其先矛

　綜觀星湖所論『春秋』　有兩種成果　一則關於書法之根本檢討也
先儒　先以名分及義理　鋪在胸中　以此眼目　解釋經文　多有說不通
處　星湖　純然以客觀的觀察　覈其事理而不悖　揆諸人情而相合　此
其治經治史之法　而『春秋』　非例外也　一則對於聖人之認識轉換也
後來儒者　謂聖無不知　聖人之筆　無論如何　傅會牽引　以求合於自
家論理　星湖　謂聖人亦人也　亦應有不知之部分　遇有可疑處　須將
前後事情對校探索　以歸於正　可也 ‘聖人亦人也’一句　足以啓一世
之蒙　非尋常茶飯語　是使孔子從神聖世界　降於人間世界　自絶對的
位置　引下於相對的位置　於是　孔子不徒爲信仰對象　亦將爲研究論
評的對象　此決非貶下孔子　却使孔子　人人親近　又使人人　自覺可
以學爲孔子的偉大人間

己巳一九八九年　十月　於北京


## 韓國實學史之主潮及實學研究之轉換点


　近年來　我們通過前後四屆的國際會議　對東亞實學研究　卽韓中
日三國的實學研究　有了一定的瞭解　三國的實學　因各自的社會和
政治背景以及學術思想的傳統差異　而具有各自的特徵　是理所當然

的　但是我認爲實學本身所具有的歷史意義　應該是相同的

　　十六世紀末到十七世紀初　東亞三國　在西學東漸的大勢面前　從中世的沈睡中蘇醒過來　雖然有先後和濃淡的差異　但在‘近代指向’的歷史行程中　逐漸進行了思想上的準備

　　這就是三國的實學　實學者們　因爲地域性制約　雖然未能互相聯系和交流　但到了後期　在可能的範圍內　有了一定的接觸　尤其是韓國　因地理位置　與中日兩國　都可以交流信息　顧亭林黃梨洲的書雖然一度成爲不能逾越鴨綠江的禁書　但後來也流入了漢城　而且與乾嘉學者們的聯系　也借助于使行　從來沒有中斷過　別一方面　江戶時代以來　與伊滕仁齋太宰春臺等學者的著作　也能接觸一些　在實學後期朴齊家丁若鏞等學者們的論述中　可以見到這些內容　從形而上學的思辨性學問中擺脫出來　在追求實證實用的新世界方面　他們存在着共同點

　　雖然共同具有‘近代指向’的歷史使命　但因其作爲前提的條件和傳統不同　三國學者　表現出了一定的差異　因爲我不便言及中國和日本的實學　首先就韓國的實學　進行闡述

　　高麗末期　從中國傳入的朱子學　隨着李朝的建立而官學化　進入十六·十七世紀　被利用爲少數特權統治階層－‘閥閱’在政治上·思想上的統治工具　他們對外進行卑屈外交　對內構築絶對性權威主義從精神上壓迫人民　一方面經過壬辰倭亂和丙子胡亂兩次戰爭　國家機構的頹敗　社會紀綱的弛緩以及經濟狀態的萎縮　使國家面臨着危機　統治階級無法解決民衆的不信任和離叛　把民衆對南漢山城屈辱（和清軍的城下之盟）的憤慨　利用爲‘北伐論’而逐漸散發消除　同時把對明朝的事大主義大義名分化　對鎖了國民的創意和自主的批判意識　在這種情形下　介紹和論述朱子學的儒子們　把精力放在性理學和禮說之間缺乏生産性的爭論上　使朱子學墮落成脫離現實的觀

念論 爲了民族和歷史的發展 實學 確實需要開創一箇新方向

由于上述原因 一些先進的學者思想家 擺脫了脫離現實的觀念論 從性理說和禮說 把目光轉向社會關系 卽社會政治經濟等與時代現實相關的方向 從而取得了很多新的學問業績 研究這一時代現實的學問 就是所謂的實學 對實學的內涵 以作爲探索改造社會現實的經世致用之學和作爲農工商技術改革的利用厚生之學爲主幹 通過對本國文化的主體認識方法 基于實證性精神的方法等 還可以擧出作爲考證學的經書·典故·金石諸領域的實事求是之學

這種實學 雖在思想史上 具有重要意義 但實學派學者們的學問上的努力 却沒能按照理論改變現實 在以朱子學的權威主義爲支柱的旣存體制的强韌性中 實學沒能現實社會和政治變革 因此 韓國實學的近代指向思想意識 因韓國社會中世的保守性和停滯性而遭到了一時的挫折 在十九世紀末的外侵和二十世紀前半期的殖民統治下 這種半封建的保守性和停滯性也依然保存了下來 直到經歷了'八·一五'民族解放和'四·一九'學生運動以及'五·一六'軍事政變 這種情形 才大有改變 在所謂祖國近代化的旗幟下 全體國民一致朝着經濟建設邁進 在農業工業商業方面 取得了令人 矚目的發展 這箇時期 卽六十·七十年代 曾有過旺盛的新的實學研究 其中'經世致用'之學和'利用厚生'之學的研究 進行得最爲活潑 尤其是在研究工商流通擴大和有關生產本身的技術革新等問題上 利用厚生派的理論 得到了很高的評價和强調 這時期的實學研究 旣是研究歷史上的實學思想 同時也是探討現實問題的眞正意義上的實學

但是從進入八十年代以來 '祖國近代化'的概念 已在韓國消失 韓國作爲新興的工業國家 取得了成功 雖釀出了貧富差異 勞資矛盾等問題 但國民所得 有了大幅度增長 在世界交易國當中 也占有了一席之地 在街道 隨處可見代替'祖國近代化'的'創建先進祖國'的新

標語　韓國要以實現近代化爲基礎　赶超世界先進國家

　　至此　實學研究　到了一箇轉折點　雖然它所具有的追求近代的性質　使人們覺得很親切　但是在近代化的概念已經消失的當今　實學的魅力　不如以往　而且在進入近代以來經濟第一主義和物質至上主義　把人們都變成了利欲的化身　人們貪婪·奢侈·放縱　憑借產業設施　肆意毀壞山川　自然的毀損　到了難以言表的程度　進入九十年代以後　這種傾向　更爲嚴重　在全世界的人群中　我們韓國人的　二十世紀世紀末病　尤爲嚴重

　　基于這一點　我們不能不一邊回顧實學研究　一邊思考作爲'今天現實問題'的實學應該是什麼　我在一九九四年十月的東京實學會議上　已經提出過上述問題　雖然只講了韓國的現實　但這恐怕不僅僅是韓國的問題　中國和日本　是否也有這種情況　是否也應該一起來探討　基于這一想法　我再一次在這裏提出這一問題

　　在實學研究上一起共有過'近代指向'性歷史使命的東亞三國　現在已不再是爲了追求'近代指向'而是爲了'近代克服'　我想大家應該一起來探討新的出路　在這種探討中　開創實學研究的新方向

　　最後再附一言　韓國的實學研究　傾向于社會經濟思想研究　對哲學思惟問題　則較爲忽視　這一結果　也是當今的狀況所致　近年來韓國的少壯學者　也已注意到了這一點　并把研究'實學派的經學'作爲探求實學派哲學的思維方法　少壯學者　正在對過去實學者經典新解和人性論爭的研究進行探索　希望這些探索能成爲實學研究的一箇轉機

戊寅一九九八年　五月　於開封

序

## 熱河日記　上海版序

　　『熱河日記』爲朝鮮五百年間有數文字　不但爲韓中紀行文學之白眉　實爲韓國實學史上利用厚生派之重要文獻　今者　由上海書店出版社檢討刊行　而北京師範大學彭林教授　實主其議　彭教授要我寫作弁卷之文　我近來以身病　不堪爲筆硯之役　略識數語　以塞其請

　　朴趾源　字仲美　號燕巖(1737～1805)　爲十八世紀漢城世族名門之出身　天性豪爽　才思橫逸　不肯碌碌從事於科擧文字　酒酣耳熱　往往指斥當塗貴人　遂至落拓不遇　以文墨自娛　公元1780年(朝鮮正祖王四年　乾隆四十五年)　以朝鮮政府使節團隨行一員　渡鴨綠江　涉遼野　至北京　因乾隆皇帝避暑於熱河山莊　遂自北京轉向熱河　往返六千數百餘里　有此日記

　　其爲記也　自「渡江錄」・「漠北行程錄」・「審勢編」至「口外異聞」・「玉匣夜話」・「盎葉記」等諸作　凡爲二十七個篇目　以外國人觀察乾隆盛代之文物　眼目既高　手腕甚敏　隨見隨錄　積成鉅編　其中可喜可驚可怪可感之事　描寫無遺　又隨處驅使自家論理　附以批判的見解　眞可謂一代文豪會心得意之傑作也

　　「審勢編」論及當時天下大勢　足驗其歷史感覺之超卓「玉匣夜話」中「許生傳」　非尋常傳奇物　乃關於朝鮮政治經濟之名論卓說也　往在舊韓末(淸末)　韓人金澤榮　亡命於淮南　與嚴復　論燕巖文　嚴復指「許生傳」謂中州百年內無此作　嚴氏此言　只謂其文章之奇古　不及於其內容　而卽此可見『熱河日記』之價値如何也

　　『熱河日記』之外　朝鮮使行記錄　可至百餘種　昔年曾自成均館大學大東文化研究院選拔而印行　所謂『燕行錄選集』(上下二冊)　是也　此種書在韓中兩國文物之交流　關係甚重　『熱河日記』出版之後　陸續刊行『燕行錄』亦有不少之意義　此事深有望於中州諸君子　　丙子一九九六年　三月

# 鶴皐逸稿序

慶州之驪江氏　爲吾李第一名閥　自晦齋聾齋兩先生後　十四五世
簪纓詩禮之盛　通國而稱之　而其中　亦或有淸修篤行之士　窮約以沒
世　並其巾箱之遺而掩翳於草莽而莫闡焉者　寧非可慨也哉　如鶴皐
公諱儼　其例也　公以聾齋玄孫　生禀異質　經史子集　一過眼　輒盡記
詞學夙就　年二十二　中顯宗壬寅司馬試　聲聞蔚然　宜若朝夕翶翔於
雲路　而竟蹭蹬以失志　未得一展其蘊抱　退修初服　惟以盡子弟之職
命也　肅宗己巳　南人秉政　公　名登剡薦　擬省峴郵　辛未　除章陵參
奉　有諸名卿之汲引　而公　以偏親年老　上京肅謝而旋歸　盖有見乎
當時政局之不可恃也　公　篤於孝　素患羸瘵　而以太夫人故　未嘗言
病　又不遑調攝　竟至沈痼　享年僅五十六而終　鳴乎　公旣不得出而
有爲於世　在家　又未遂終養之志　其爲後人之憾恨　何如哉　公沒數
百年　未有文集之行于世者　而中經世變　家國滄桑　則公之咳唾之遺
在人間　亦未可必也　往歲壬戌　口世孫河源氏　訪胄孫某氏於日東
搜得所謂『鶴皐逸稿』者　則公之所著詩若文寫本一冊　附以當時諸公
輓祭狀碣之文　而癡庵南公景羲　識其後者也　河源氏　感愴之餘　奉
以歸國　將謀登梓而廣布而責佑成以弁卷之言　佑成　不敢爲造次塞
責之計　奉以置諸案上　閱三朔　始獲卒業而得以措數語焉　噫　公之『
逸稿』　流落殊邦　凡幾年所　而歸自天風海濤之間　卒得無大損於本
來面目　儘所謂滄海遺珠也　古人云至寶不滅　於此冊　驗矣　是爲序

甲子一九八四年　夏至節

## 進川集序

　　近世吾鄕來進之李　有進川迂窩父子兩公　賢而有文『迂窩文集』
爲其門弟子所刊　行于世　已有年『進川遺稿』姑藏在巾衍　曾孫基
運氏　且將附諸剞劂而責佑成以弁卷之文　佑成辭不獲　謹爲之叙　曰
世之有文字　人類之所以別於禽獸也　國有史　家有傳　引往以鏡今
文明人之所以別於野蠻也　是以　古之君子　最重文獻　文獻不足　則
雖以杞宋夏殷之遺　而孔子之聖　亦無以徵其禮　可不懼哉　吾鄕　自
佔畢師門　首闡儒化　爲嶺南名府　而位置嶺海之間　南邊有警　先當
其衝　如壬辰之亂尤劇　鄕中古籍　太半歸於烏有　中世以來　聲明文
物　比安禮諸州　不能無小遜焉　佑成　嘗慨惋于是　凡儒案所載　吏廳
所錄　有關於鄕黨故實者　莫不蒐輯謄寫以存之　其於鄕父老長者風
流文雅實德懿行之紀述　尤當有以公諸世而壽其傳也　今於『進川集』
之刊行也　佑成　不敢自外焉者　良以此也　向有畿湖名家子　問於佑
成　曰　村堂學究　妄擬韓杜　校院酸儒　動引晦退　嶺南　何其多文集
也　佑成笑曰　集者　四部之一　其爲文獻　不亦重歟　畿湖　重仕宦　嶺
南　重文獻　孰得孰失　後世自當有定論也　佑成　旣以此答之　又以是
告於吾鄕之人士　勿爲彼呶呶者之所撓而稍有所忽於家集之傳布也
壬戌一九八二年　上巳日


## 時軒义集序

　　故同副承旨時軒安公歿七十餘年　而遺文尙未行干世　密州人士
以是爲慨者久矣　壬申春　公之從孫璣洙翁　以八十老軀　訪佑成於漢
南之實是學舍　出以草藁四冊而太息曰　家世滄桑之餘　斯稿幸得保

存 吾先兄謀其壽傳而未就 今先兄之墓木且拱矣 吾未死當踵而成
之 而昏耄此甚 子無惜爲我整篇第而校魚魯 且置一言于卷端也 佑
成 念翁從吾家而出者也 且揆以世誼 不敢自外於是事 乃爲之點朱
抹墨 及印役將訖 斂袵而書之曰 吾州 號文獻之鄕 而遠在南服 士
之遊京師而取科宦者 甚鮮 至於陞堂上而歷敭淸華者 則通五百載
指僅四五屈耳 公於舊韓之末 早登雲路 翶翔於玉堂瀛府 而門欄昌
熾 蓮桂交輝 及其歸臥江湖 導率鄕社 風流文采照映一世 吁亦盛
矣 洒公下世未幾而人事大變 疇昔光景 無處更覯 興替之無常 有
如是矣 佑成兒時 在伯母膝前 慣聞公德儀 伯母 卽公之姪女也 及
長 讀吾家先集 知公與我曾王考及我王考 評詩論禮 贈答殆無虛歲
又以見兩家情好之篤 有別於人人也 嗚乎! 天運徇環 無往不復 往
者之由盛而之衰 無可奈何 今日且將見由衰而之盛者 無疑焉 是役
也 璣洙翁主之而諸爲後承者 相率以殫誠云 斯其兆也 佑成以通家
後生 於公文 不敢妄有所稱述 玆謹書平昔聞見所逮與夫所感于中
者 以爲弁卷之辭云

壬申一九九二年 南至之月


## 晚翠遺稿序


歲辛未冬 慶州儒道會長鄭柄瑄氏 過佑成於逆旅 出以先世系譜
曰 吾世居霞谷而爲紫峰之孫者也 佑成曰 嗚乎 霞谷 我王考之所
自出也 我王考 少奉慈訓 從紫峰遊 年齒雖懸 而誼切情至 觀於遺
集 可想也 爲子孫者 相遇以路人 其可乎哉 明年春 柄瑄氏 携其
先仲公『晚翠遺稿』北來京師 請佑成以弁卷之文 佑成 奉以開卷
則中有與李戚叔某書 卽與吾先考者也 書中 歷叙兩家祖先相與之

篤　並陳世代寖遠不得源源往來之故　懇懇不已　且言及於不肖　所以
期望者　甚隆　佑成　讀一過　不禁淚涔涔下　是雖余感舊傷今之懷之
所致　而亦其文辭之出於衷曲而有足以動人深也者　不可誣也　佑成
近來不喜爲文字役　而於斯稿　不敢辭者　以是故也　稿凡四卷二冊
詩居十之七八　類皆出於親戚友朋間之酬唱而有合於溫柔敦厚之旨
文則衆體具備　而序記諸作　曲折疏爽　無不達之辭　無不盡之意　可
尙也　蓋公　生當王朝之末　開化風潮　洋溢一國　公雖長養於古家規
範之中　而世運所趨　不得專意守舊　且早歲當家　幹蠱之餘　未克大
肆力于問學　嘗慨然曰　士生斯世　遇不遇　命也　天下事　自有窮通之
理　吾豈可爲子莫之執中也　取泰西文字　考究之　頗有意於裁物成務
而値島夷殖民爲政　無以少試其才略　逮夫光復　世相又大變　而公亦
居然老矣　今跡其一生而撫其遺著　固難免寂寥而止此　然　善觀人者
不以其文而以其志　則亦庶乎其有得焉　姑書此　以塞柄瑂氏之請　柄
瑂氏　不以此爲太簡　則吾知免矣

壬申一九九二年　穀雨節


## 東華遺稿序

吾鄕士林之俎豆先賢　以金佔畢朴迂拙申松溪三先生　爲最古且最
尊　而三先生之子孫　隆替各異　佔畢之家　經戊午士禍　轉徙他郡　迂
拙無後　惟松溪先生之後　世守故土　其麗甚蕃　而文學德行　代不乏
絶　鄕中　數古家黎獻　必先屈指於申氏焉　蓋亦有數存也　故東華處
士申公　亦黎獻中人也　所著　有詩文三卷「一言錄」一卷「農談一枝」
一卷　佑成　昔嘗耳之　而未獲奉覩　甲戌春　曾孫榮滿　以其老父命
訪佑成于漢上　手致東華公之全稿而請佑成爲之序　佑成　始得一次

披覽焉 公 生長寒竇 竭力養親 未克大肆力于翰墨 而才華非凡 詩
若文 皆夙就 詩尤其所長 人稱其往往逼近唐人骨格 然 公不以是
自足 進而欲追古人爲詔世貽後之道 「一言錄」·「農談一枝」等著述
是也 公平生嫉視虛文 篤好實學 二種書 盖亦出於經世求是利用厚
生之學 而其中 當有高見至論之可取以爲法者 顧佑成 菲才末學
於鄕先進 不敢妄有所軒輊 然 後世必將有博雅之君子 有以評定其
價値而闡發其旨趣也 則申氏黎獻之益增其光馨 而松溪先生遺德之
垂裕後昆者 可以無窮也夫

甲戌一九九四年 仲夏之月


## 白下遺稿序


文而可傳者 固不多見 而叔季以降 尤寥寥焉 迺今人家文集之出
不絶於世 何也 盖嘗思之 人之生也 不滿百年 就中 如聖哲賢豪之
立德立功 血食千秋者 無論已 其餘芸芸有衆 鮮不與草木鳥獸同歸
於澌盡 彼草木鳥獸之只能生殖而走動而已者 猶哿矣 人顧非無情
者 豈不自反而可悲也哉 此夫人之所以汲汲於身後之名字 而孝子
慈孫之於其父若祖 尤有所不忍泯滅而無存也 此其竭力於衛先而父
若祖之片字隻句 無不欲收拾而圖所以壽其傳也 白下姜公諱學淳
世居晉州 以文行 見推於鄕黨 而丁時混混 逍遙山澤以卒歲 胄孫
瀅 從巾箱中 得公詩文若干稿 附以鄭公直敎所撰行狀 將付諸印工
介河友有楫 請佑成以弁卷之文 佑成 奉以開卷 讀其「憶子詩」諸篇
不覺愀然以悲惕然以思 盖吾邦 南北兩分 骨肉離阻 而公之父子
適不免於是 公之猿腸寸斷 固夫人之攸同 而其見於昕夕吟望者 乃
如是其切摯 今日瀅君之思其父以及其祖 而有此擧者 豈徒然哉 世

之好言論者　於今日瀅君之擧　無徒以棗梨之禍目之　而進而夷考其
孝子慈孫之用情焉　則亦將撫卷太息而肯可之矣　是爲序

乙亥一九九五年　季秋之月


## 耕南遺稿序

　　吾邦　自中世以降　士不懋實　空言相尙　而嶺南　比京輦近畿之地
爲尤甚　京畿　多仕宦遺裔　頗留意於經濟　而嶺南　則反是　汨沒於心
性儀禮之說　白首蓬蓽　竟自歸於固陋無用　所謂實學　流行於京畿
而嶺南無焉者　以是故也　吾儒　以治國平天下　爲分內事　而學之空
疎　國與天下　置之勿論　並與身家而喪其修齊之實　以至於寒窶零替
莫得以自振焉　乃曰貧者士之常　嗚乎　貧豈士之天得也哉　佑成　向
從靈山李丈興中　得碧珍氏先世文集而讀之　知復齋消憂諸君子　少
時　身行商賈　爲仰事俯育之資　後値國家板蕩　至輸穀數百石以助接
濟　此在嶺南儒家　不多見也　碧珍氏　奠居南鄉數百載　門戶濶大而
世以文學相承者　良有以也　今李丈　將刊其先考耕南公遺稿而責佑
成以弁卷之文　佑成　因閱其家狀　爲之斂袵而起敬焉　公嘗訓子弟曰
吾家所以知名於士友間者　只以文學相承產業稍潤故也　汝輩　或怠
於學業　疎於幹蠱　不保先徽　則豈不爲大罪乎　衣食　於人事最爲切
實　不知治産　則不得不窘乏　士固不可貪富貴　亦豈可窘乏而受侮於
人乎　然　治産之道　莫如勤儉節約　勤儉則必有所成　節約則必有所
畜矣　但不可以此而負讀書之志也　又曰　吾嘗觀京鄉名家子弟　多驕
惰安逸　遂致沒落　與其暫享榮貴而止　不如修吾儉德　永保家聲之爲
得也　蓋公　生當國社之屋　旣絕仕進之路　其所猷爲　固將不出於畎
畝　則耕南之號　允合於其素抱　而乃其訓子弟之辭　一出於懋實之意

與幷世鄕曲之自號以儒者而終生於虛假者　大有別焉　公性癖於詩
嘗曰　詩之妙　在於卽情卽景　寫其實地　而不容假借　若今日所咏　明
日亦可咏　此人所贈　他人亦可贈　則便是陳腐套式而非詩也　公未嘗
以詩人自命　而其論詩之言　何其旨哉　往者　東萊鄭景施　倡爲依實
求獨之學　謂實不可以汎類　故必求其獨　公之詩論　有此獨到之點者
抑亦由公之思考　一依於實而然也　佑成　以鄕鄰後生　於公述作　不
敢妄有所軒垤　只就公狀中　錄其數條語　以見公一生所事　不離於實
且將以此　備後日嶺南耆舊傳之採錄云

甲子一九八四年　元月上瀚


## 亦悅契序


今永川鄕校掌儀金奎淵李熙春諸君子　聯名致書于佑成曰　吾輩爲
白坡鄭翁　結一社　歲修契事　取『論語』首章之義　名之爲亦悅　子可
無一言以樂成其美耶　因道白坡翁事曰　往在庚寅　吾永川遭兵燹甚
劇　校宮亦至傾圮　自是以來　人心靡定　物力莫及　遷延日月　無以修
築　鄕人之噓唏太息　積有年所矣　迺我白坡翁　躬任典校之職　四載
之間　竭力經營　復見棟宇之輪奐　先聖祀享　士子藏修之所　無大遜
於疇昔　是雖出於一郡儒紳之協贊　非翁之深衷至性有孚於中外　則
曷有功效之著速如是哉　於是　鄕父老合辭　欲紀翁之功績　翁固辭曰
盡吾所當爲而已矣　何以紀爲此在翁盆見其謙讓之德　而在吾輩後生
窃有所感動於心而不能自已者　此「亦悅契」之所由作也　修契之日
鄕人士自願錄名者　合爲六十五人　此六十五人者　一皆慕翁之德義
而欲學翁之行範者也　佑成執書而歎曰　有是哉　永之爲鄕也　永在吾
嶺之左　大有東魯君子之遺風　盖自圃隱鄭先生　其來遠矣　今世道大

變 擧天下之人 行將視易色而聽易聲 駸駸然不知其稅駕之地 而諸
君子倡玆高義 揭以古訓 爲交修互邁之計 玆豈尋常鄉曲之所可易
覿者哉 佑成於白坡翁 忝在婭婿之末 有所稱引 或不免阿好之譏
顧獨於諸君子之盛擧 欽頌而不置者 良以文武之後 識大識小 俱有
補於未墜之道 則諸君子今日學習之有得 豈止於亦悅而已哉 昔人
云 魯無君子 斯焉取斯 其是之謂矣 是爲序

乙卯一九七五年 仲夏


## 檀汕文集序


佑成 嘗聞諸先輩長者矣 文有儒者之文 有文人之文 本乎行誼規
範而出之以溫柔敦厚之旨者 儒者之文也 主乎辭藻章法而務求爲波
瀾曲折之致者 文人之文也 盖古今文人之聘於文而無其實者 多焉
故 先輩長者 區以別之如是也 佑成 自少出入往來安禮間 見先賢
遺化 深涵濃郁 揖遜退讓 文彩彪映 有洙泗之風 就中 烏川一境
尤以君子之鄉 稱焉 檀汕金公 以後彫堂胄孫 爲烏川主人 篤倫常
而親經籍 其見於日用常行者 自不離乎儒家之繩墨 而文亦如之 平
生未嘗以作家自處 而其發於親戚友朋相與之至性者 藹然如春木之
句萌而闇然如布帛之自章也 嗚乎 公之歿 已閱數十星霜 陵谷變遷
**風潮盪瀁** 佑成 時過宣城 誦江山舊宅空文藻之句而不禁其感慨 前
年夏 公之季胤世漢 携公文 訪佑成于漢上 見囑以弁卷之文 佑成
未及作 而世漢君 遽以病逝 佑成傷痛不已 迺今其仲氏澤鎭甫 傳
言曰 先藁 將上諸梓矣 子之文 不可緩也 佑成 念昔公愛我特甚
而自顧人微言輕 無能爲公重 只以一言 諗於衆曰 今之世 欲見儒
者之文者 當求之於安禮 欲求安禮之文者 當就斯集而知其爲一典

型也 玆書之 以爲序云

甲戌一九九四年 新元

## 夙夜齋叢稿序

　　漢城惠化門之外　有東仙洞　于人翁晚年所寓也　矮屋數間　編以夙
夜齋　城中才俊之志于學者　日來問字　戶屢常滿　歲且久　爲翁釀金結
一社　則京鄉間素所往來者　莫不樂成其美　歲修契事曰　東仙會　辛酉
夏　翁得病　遂有不起之憂　會中人　相與議　曰　曹先生將自此不免絕
筆矣　盍蒐輯其文稿而謀所以壽其傳　及編成　題曰『夙夜齋叢稿』責
序於佑成　佑成太息曰　于翁　遽止於此乎　因撫卷而書之曰　天下萬
物　無有不變　而其變也　又無不自舊就新　盖其變而新也　非由外襲
而取之也　必於其舊者　由中而生焉　故俗有舊殼新胎之語　無舊殼則
無新胎矣　古今之學問　亦皆如之　孔子曰溫故而知新　豈欺余哉　迺
自西力東漸　東亞諸國之學問　有新舊之異　舊是固有之儒學而新卽
外來西洋之學也　於是　舊自舊　新自新　二者　截然不相關涉　而吾邦
視隣國有尤甚焉者　則五百年鎖國閉關之致也　東旣有遜於西而舊且
不可以敵新　則新者夜虫赴燭之莫能遏而舊者枯木死灰之無所用　勢
也　然　舊者　不可任其斷絕　而新者　非舊　亦無以安其胎盤而資其生
育焉　故　有識之士　爲世道計者　未嘗不寤寐憂歎　思有以接木而綴
新藥於舊枝也　顧耆德長者　彫喪殆盡　後生小子　追尋無所　當此之
時而于翁在焉　翁　簡易坦率　未嘗以師道自處　而往者不追　來者不
拒　凡從事於文學哲學政治經濟之學而欲爲溫故之工者　有求於翁　翁
輒以四書五經及史漢諸書　授之　始憂憂難通者　積以年月　無不油然
以入矣　君子謂挽近十年來　吾邦學風　頗有轉旋之漸　翁盖與有力焉

而他日通今博古　翱翔於學壇而導我文化以正路者　亦未必非東仙會
中人也　嗚乎　翁之文章　吾友李家源淵民氏　論之詳矣　今無庸重提
只將新舊相關之說　欲就吾邦今日文化史中　爲翁特設一席焉　翁肯
受之否乎　是爲序

壬戌一九八二年　孟春之月


## 羅州丁氏追遠齋寓慕詩集序

　　羅州丁氏之名祖　有曰月軒公　諱壽崗　早登仕籍　當中宗反正　錄
靖國原從功　歷官大司憲兵曹參判　贈左贊成　子若孫　奕世貴顯　兵
曹判書諡恭安月峰公　諱玉亨　左贊成諡忠靖三養齋公　諱應斗　是
也　三世衣履之藏　俱在於高陽土堂山世葬之阡　雲仍蕃衍　歲時香
火之奉　閱四百載　益勤且摯　洎今世相大變　首都人戶　日益膨脹
延至高陽　化爲街市　土堂一帶　亦將被人烟之逼近　懼夫兆域之汚
染而體魄之不寧也　於是　一門合議　以戊辰九月　移安于陽智縣瑞
日里紫雲山壬坐之原　山水廻抱　允合明堂　而瑞日紫雲之稱　亦有
可以爲吉祥之徵者　因就墓下　建丙舍曰追遠齋　又以碑面之歲久磨
損　閣以庇之　以避風雨　可謂能事畢矣　京鄉間　稍有文識者　莫不
以詩爲頌　詩凡七百餘首　吁亦盛矣　戊寅夏　後孫夏植・甲鎭兩氏
訪佑成于北漢山下　要次其韻　竝請詩集之序　盖將編刊而公諸世也
佑成曰　吾於尊門　稔聞其文獻之懿　月軒三世之後　若愚潭・海左諸
先進　固佑成所嘗欽仰而不置　而至於茶山先生　則一生誦讀其書而
服膺其教　窃自附於私淑之義矣　今聞紫雲一隅　別設茶山四景　以
寓景慕之意云　佑成之嚮往　曷有其極　茲敢不揣其拙陋　而敍之如
右　系之以歌詞　曰山川毓秀孕精兮　復有賢豪之誕生　家世積德累

仁兮 會看天報之昭明

戊寅一九九八年 季夏之月


## 鏡山文藁序

仁川居丹陽禹君成鍵 嘗過余于太學 以其所刊先世文籍 及傍祖
秋淵先生日錄 贈余而致慇懃焉 一日 又袖致其先大人『鏡山遺藁』
二冊 請余以弁卷之文 余於鏡山公 未有一面之雅 於其人與文 矇
如也 以是辭之 而其請甚勤 余感其誠孝 閱視其詩若文 則所與唱
和往復者 多嶺中先輩長德及知名士友 而附錄狀碣文字中 吾友李
家源淵民子所撰墓銘 在焉 有曰 天賦剛明篤於倫紀 盖淵民子 與
公有素 且嘗序其「敬思臺帖」 其言 信而可徵 余於是而可以知公矣
因窃念丹陽之禹 著自麗朝 有若易東先生之卓行邃學儀表一代 至
退陶夫子 創書院而俎豆之 俾士林永有所矜式焉 則其遺風餘澤之
在乎後昆者 固有別於人人 降及叔季 士習靡靡 日趨歐化 唯物是
崇 而迺鏡山公 一生囂囂然求樂地於名敎之中者 豈無所自也哉 而
成鍵君之誠孝 亦其所受 有不可誣者也 觀斯集者 不以文而以人
則庶有得焉爾 是爲序

庚午一九九〇年 季秋之月


## 密州東峽紀遊詩序

密州之山水 近治可遊者不少 而其尤奇者咸萃於東峽焉 凝川之
發源 有二道 而其一 出自東峽 峽盡西注 與北川合 至邑城下方浩

大　而畫甍高翔於其右者　嶺南樓也　據南樓上流者　曰今是堂　曰月
淵亭　自月淵亭　又泝其上流　以入于峽　峽一轉而川一曲　作局勢而
逞韻致者　不知其數　而凡其轉而曲也　必有樓亭臺榭翼然而臨之　環
一境之內士大夫之家　以文學仕宦聞者　莫不有樓亭臺榭占其勝侈其
觀　而獨吾李居多　鄉稱李氏爲山水主　非過言也　余年甚少　置峽庄
於二舍之近而足未及　第以其煙霞泉石想像之久也　顧時時呈現于夢
寐中　歲在辛巳　陪諸父祖諸賓客長老　始獲周覽於其間　前後六七日
次其所經歷　初由金谷丹邱　泊盤溪　過欋淵　抵姑射之桃源　訪載藥
山表忠寺　窮淸流玉流二洞之深　覽層層飛虹之瀑　登獅子峰　坐眞佛
庵　下內院　踏金剛洞　煙霞之窟宅　泉石之府庫　仙靈之所棲息　蛟龍
神物之所潛伏　佛像之所妥　釋子之所居　騷人墨客嘯傲往來之路　搜
其幽　越其險　攬其精秀　每到勝處　卽命酒呼韻　所得詩　總一百五十
餘篇　雖其工拙之各異　而所以娛情暢懷　互酬迭唱　其風流文采之盛
足與山水相稱也　噫遊南方而不遊玆州　遊玆州而不遊峽者　並不足
以誇山水　然　玆州之山水　其名不大擅於世　何也　地不自名　因人而
名　余聞柳永山水　處中國之荒服　其名於天下實自柳子厚始　讀子厚
所爲記　其文章　愈出愈奇　使吾如足躡其境而歎美嗟賞之不暇也　是
特子厚文章所致　未必其地之實景如是也　夫實景之不如是　而文章
有以致之如是　則景雖勝　不入文章之手者　不得擅其名也固爾　余不
知所得一百五十餘篇之詩　有能與子厚之文章　同其傳者耶　抑姑無
焉　而其中別有才俊　方肆力于文章者　卒能繼子厚之作　而玆州之山
水　因以擅其名也歟　姑書之　以竢夫他日之成就者焉

癸未一九四三年　仲秋之月　書于西皐精舍

送李稹序

　　吾想夫宇宙之渾空曠茫　方無東西　時無古今　惟於地球之上人類之
興亡盛衰　而有東焉　有西焉　有古焉　有今焉　且夫太陽之大於地球
不特百千倍　而滿天之星　吾不知其生物之世界　爲幾萬數　然以呼吸
之不相通也　距離之不能計也　縱有百千倍之大於地球者　吾不能就焉
而並與彼幾萬數之世界中　孰爲主張　有何歷史而末由聞也　噫吾於是
而知地球之小矣　於是而知人類之細瑣矣　人之生也　耳目之所聽視
足之所及　限於至近而不免於卑陋　乃一有所得　輒自高以傲他者　亦
愚甚爾也　人須有宇宙之觀然後　方知有世界[地球]　有世界[地球]之
觀然後　方知有人生　苟能知人生矣　則有以覺吾身之在於人寰　所處
之若何也　所立之若何也　然　以吾身之不滿七尺　居乎空間時間之廣
且久　而辨東西識古今　言由來之歷史　不於地球乎而何以哉　夫太初
之事　吾無得以詳矣　自人類之發生進化而世界之歷史始焉　盖此世界
始由乎自然而卒入于人爲　始冒乎野蠻而卒放于文明　然歷史者　不如
是其平易　其來也　屈曲而不直線而興亡盛衰之又迭作於其間　故有戰
爭之時代焉　有治平之時代焉　有分裂之時代焉　若巨輪轂之圓轉　襄
陵谷　盪河澤　登周道　或行坦　或越險而億萬衆庶　皆從其所向而奔走
焉　聚散焉　生死焉　惟其中曰聖哲曰英雄者　用其智與力　思有以挽回
之駕馭之而卒未能當　以自歸於澌盡也　孔子孟子之刪詩書唱仁義　炳
乎其文　一經嬴氏之火而盡爲灰燼也　秦始皇之鞭石聚土　延爲長城
以界乎夷夏者　至成吉思汗而一蕩之也　諸葛武侯之鞠躬盡瘁　爭衡三
國而一夕殞其命於五丈原之秋風也　張世傑之委身亡宋　抗天傾之勢
者　局之終翻而爲濤浪之所沈也　奧古斯都之一敗於民登而羅馬之雄
略　頓挫也　耶蘇之周行天下　力排舊敎者　眞理未闡而流血於十字架
上也　拿破崙之踏蹴一世　龍騰而獅吼者　値聯合之戰而瓦解於五分之

時刻也　哥倫布之遠圖退想　絶於西印度之一隅而蘇格索屈頓探檢之
熱性　終不勝南極之嚴寒也　外此凡人類之選手　矜其抱負　奮其希望
勵其責任　以馳驚於世界而不免夫崩倒顛跌破碎磨滅於歷史之輪轂下
者　吾指之又不勝摟也　況筆乎　然　其人者　其抱負未嘗捨也　希望未
嘗抛也　責任未嘗忘也　前仆後起　此斷彼續　紛挐動盪　人文以開而人
類之歷史　日以擴張　日以光大　以至于今日之世界焉　抑余嘗謂世界
一大建築之基址而吾等實執役之人夫也　吾先民之所未畢　以遺吾等
而吾等之所未畢　則吾子孫之踵而爲之也　建築之以何材料乎　六經所
載之道德　諸家之文章刑名　暨近世所謂宗教哲學藝術産業政治法律
之識　莫非今日所需之材料　吾等其將爲人夫乎　盍先具此材料　以備
執役也哉　嗚乎歷史之輪轂　又驅人類以入于世界戰爭之時代矣　若吾
族之寡弱靡弊者　跼天蹐地　將何以生存於其間耶　其終不列於淘汰之
數而有以自保於天下乎則往者已矣　而來者之不有在於吾等少年矣乎
李君稹　年今二十　於余長一歲　而其居比隣　可朝夕接也　憶吾與子
曾踏大雪　到華嶽絶頂　俯點辰弁　其後登火旺山城　弔龍蛇古蹟　獨我
兩人者相躡而他人不與也　余觀君意頗慨慷　匪庸俗兒　因竊喜君之可
與遊而君亦不厭我　遇閑暇　輒對坐有所談論　如宇宙之現象世界之陳
跡聖哲英雄之得失　互爲問辨　而君之言　往往有余所未聞　余亦不秘
其有　以報之　然余特就君之所知而言耳　若余之學焉而有得者　未嘗
道　恐君之不契也　以吾度之　安知夫君之所有　亦恐我不契而有所隱
者耶　今其往龍坪也　請以所隱者　洩無遺　君笑而不答　但乞余書數卷
以去　亦將隨處努力　辦得一材料　爲異日執役之備也哉　嗟夫　余方以
涔寂爲悶　君胡與余別　使余缺談論之樂　而時不禁引頸太息　獨立高
原　以寄思於渾空曠茫無東西無古今之宇宙外而已乎

癸未一九四三年　五月

＊此亦蛾術時期習作之文　姑存之　以備參考

## 蘭社詩集序

蘭社之會 今爲壹百回 同人吟草 積至數百篇 會中 將整理編次
印而行之 而要余爲之序 余惟今日吾輩所爲詩 乃古之詩 非今之詩
也 今世紀初 中國人士倡文學革命 獎勵白話 白話文學 風行大陸
唐宋明淸之律調 掃地而盡 吾邦 亦自舊韓末 崇尙國語國文 趨赴開
化者 標之以現代詩 取漢詩文而弁髦之 此東亞細亞文化之一大變局
而世運之不容已者也 吾輩 固當順受之 無庸爲雌黃於其間也 顧以
千年舊習 不可一朝而揚棄也 且古之詩 與現代詩 格調形式 雖相楚
越 乃其所感所動 根於人之臟腑 發之以性靈 出之以神韻 要皆歸於
至妙至善之境 而通於神明則一也 故李白杜甫 尙矣無論 吾邦崔孤
雲李益齋以下 降至近世金滄江黃梅泉之作品 有同於眞珠寶玉 可以
超時代而認其價値而服其精彩也 今吾輩 俱非以詩爲本業者 各以其
專工而活動於社會 其於詩道 未嘗深入 況於古之詩也 況可以眞珠
寶玉自況也 只以生活敎養之餘 在應事接物之中 隨感隨作 不能自
已 乃因氣味之相似 與之結社而敦其好 其自樂其樂 則與古之人 未
始不同也 客有言者 曰 樂雖樂矣 其於不適時用 何 余曰 子不見夫
所謂靑瓷白瓷者乎 此高麗李朝之器皿 而今皆不適於用者 顧市中呼
價 或萬或億 豈以其適於用乎 要之以其可以超時代而爲寶故也 且
其模而作之者 千百其人 雖其工藝 遠不及昔日之眞品 而人亦不以
少之者 何也 盖以其所尙之可貴而自樂其樂之爲尤不可貶也 今吾輩
所爲古之詩 亦自有其所尙焉 子幸不以模作而少之也 則爲得矣 且
吾輩所爲古之詩 雖不出於模作之範圍 亦自有其所感所動 根於臟腑
眞而無僞 實而不虛 雖未可與語於至妙至善之境 而其眞實之有可以
通於神明者 則不遽多讓於現代詩也 子以爲何如 客唯唯曰 吾始知
其然矣 玆幷書之 以爲「蘭社詩集序」

己卯一九九九年 立秋之節

## 杏詩壇唱酬集序

今之世　詩有二種　一則本格詩人專門之作也　一則學者知識人生
活趣味之作也　前者　以詩爲生命　鍊句造語　刻意磋磨　而其所指向
則欲與大衆　同其呼吸　而步趨乎時代之尖端　故其所表現　必以現代
語　不特吾邦　在中國　亦純用白話　良有以也　後者　旣不以詩爲本業
只以平素敎養　在親戚友朋離合之席　相與贈答　以叙情眷　且於研鑽
著述　或業務處決之餘　詠出一二句　以忘疲倦而已　故其形式　遵用
唐宋明淸人律調　而不嫌其舊陳也　此在東亞諸國　皆然矣　往歲乙丑
成均館大學敎授諸公　結成一社曰杏詩壇　余亦參焉　間一月　輒開會
呼韻共賦　韻雖同而題各異　不論工拙　唱和爲樂　積至十數年　篇章
等身　將付影印　頒諸同好者　幹事林光甫敎授　要余置一言于卷頭
念吾輩旣非本格詩人　此事　只屬餘技　在今日世界　有亦可　無亦可
矣　然　今日世界象生　陷入於物質萬能利慾橫流之中　乃吾輩有此一
段雅趣　亦熱鬧場中一淸凉劑也　豈可少之哉　是爲序

戊寅一九九八年　四月


## 經洲柳㸁仁追悼詩序

嗚乎　經洲　豈忍捨吾輩而遽遊道山也　經洲　與吾輩結蘭社　往復
唱酬者　十有餘載　每見其溫雅風流歡洽四座　而論議之公平　詩語之
淸純　實有足以感發人者　吾輩　咸謂百歲在前　惠好同歸　可以永無
斁矣　頃歲　失芝軒　吾輩慟甚　至今不能釋于懷　那意無妄之祟　一朝
又奪我經洲而去　使吾輩　傷心落膽　更無以定情也　言之不足而哭
哭之不足而歌　此吾輩所以用蘭社韻　或以絕句　或以四律　各瀉其哀

者也　己卯四月　李龍兌　寫諸友詩　李佑成　爲小叙　寄呈于靈座之隅
經洲有靈　倘俯視於冥冥之中而頷可之也否

己卯一九九九年　十一月

## 中國日本朝鮮實學比較序

近年來　韓中日三國學者　以實學爲主題　開國際學術會議　已經二
次合席硏討　頗富於成果　此在東亞細亞　爲初有之勝會　盖非但爲三
國學術交流之良緣　實爲東亞細亞人民'聯對意識'造成啓發之契機
甚盛事也

我欣說　中國人民大學哲學系的李甦平先生專事中日傳統文化的
比較硏究　一九九二年十月　在山東出席第二回東方實學硏討會時
初次見到了李先生　那時　她就對我說　要將中日傳統文化的比較硏
究　拓寬爲中日韓傳統文化的比較硏究　幷告訴我　她正在撰寫『中國
日本朝鮮實學比較』一書　請我爲之寫一篇序言

韓國學界　自本世紀三十年代　關于實學之硏究論述　稍稍出現　至
六十年代　實學硏究遂成爲時代潮流　自此以後　有百花爛漫之槪　日
本之實學硏究　較韓國爲晚　且學者之專門從事于實學硏究者　其數
不多　然因其國一般學問水準之高　實學之硏究業績　亦斐然可觀　中
國至近年　始標榜實學一詞　大肆力于明淸實學思潮　其進未可量也

我于中國實學　旣未曾有所考究　于日本實學　尤屬門外漢　玆以韓
國實學爲線　略述其大綱　以供一般讀者之導引

我們韓國學者　以十八世紀卽英正以後的新學風爲實學硏究對象
我們將之劃分爲三個實學流派

一 以星湖李瀷爲代表的 經世致用派 這一派注重在土地制度和
行政機構以及其他制度的改革
二 以燕巖朴趾源爲中心的利用厚生派 這一派以搞活工商業 進
行生産工具和生産技術改革爲目標
三 以阮堂金正喜爲宗的實事求是派 這一派以考證經書金石典故
爲主

以上述流派中的主導人物爲準 從他們的形成時間上 可分爲

一 經世致用派 是實學第一期(十八世紀前半期)
二 利用厚生派 是實學第二期(十八世紀後半期)
三 實事求是派 是實學第三期(十九世紀前半期)

最終 實學派 通過血緣師徒交友關係 形成了學術傾向各成一統
的三個流派
李甦平先生的『中國日本朝鮮實學研究』一書 是從比較文化角度
對中國日本和朝鮮實學思想進行分析論述的第一部專門著作 因此
這部著作具有開創性新穎性獨特性 爲東方學術的整體研究橫向研
究比較研究開闢了一條新途徑
據說李甦平先生在這部『中國日本朝鮮實學比較』撰寫完成後 還
將繼續撰寫『中國日本朝鮮朱子學比較』和『中國日本朝鮮陽明學比
較』我期待着其他有關韓中日傳統文化比較著作的問世

甲戌一九九四年 二月於漢城

跋

## 二安亭朴公家訓跋

　　國有憲　鄉有約而家有訓　大小雖殊　古之所以扶樹世敎而維持人
紀者　皆於是乎在　自夫西勢東漸　新潮汎濫　擧天下胥以溺焉　則爲
國者　旣不師古　惟利是趨　匹夫乘機專橫　而鄉風大變　家道亦從以
廢矣　近來有識之士　庸是之慨　思有以挽而回之　而國與鄉　旣不可
造次焉　則先就家而求其修齊之實　乃今日之急務也　頃者　偶從街頭
見某紀念館　蒐集吾邦古今家訓而展示之　上自高麗　下逮前韓之末
多至數十種　而觀者如堵　此亦人心知返之一端也歟　丹城朴友雨達
過余于泮學　出示其高祖二安亭公遺稿及公所撰家訓　要余置一言于
家訓之後　余受而讀之　不禁斂袵而起敬焉　盖公　早登雲路　歷仕三
朝　而在勢道政治之下　莫得以展布所蘊　出爲守宰　其所施爲　僅止
於百里之內　又未及瓜期而歸　然　持心恬淡　不以宦情自縻　寄懷山
水　優遊以卒歲　而自其先世　恪守儒家軌範　孝友敦睦　自成一家之
風　此其家訓之出於深衷至性　而非一時點綴　爲觀美計者也　家訓
凡九條　敦倫叙·明義理·謹言行·勤講學·節財用·戒飲酒·遠雜
技·懲忿怒·嚴閨範也　末又附士則·家政·擇友·勸學之四條　以申
其義　其於日用常行之模楷　無以加矣　而修齊之要諦　實不外於是
嗚乎休哉！雨達氏　囑李敎授載浩　譯以國文　而李博士家源　序其首
盖將以此傳授其子若孫　常目在玆　俾不墜其家風也　其用心之勤　又
豈夫人而能之者耶　余謂此事　非但爲朴氏一家之懿德　因此而有聞
風而興起者　將見自家而鄉而國焉　則其有補於風化　顧不尤大乎哉
因書所感于中者　以爲跋

丙寅一九八六年　穀雨節

# 晚坡集跋

　吾鄉近古　有晚坡先生孫公　以草澤遺老　見重於當世　一代名碩如
許性齋丁酉山諸君子　莫不與之推重而交懽　而其詩　尤有聲　爲當時
姜秋琴輩之所誦慕焉　佑成兒時　從塾師　問鄉中故事　輒擧公爲話首
且曰公之世　有李陶隣李東阿兩公　自星州來寓山東　與公往來酬唱
而晚浦安公　實爲之主　風流文采之照耀人耳目者　至于今未泯也　顧
佑成所從聞公之詩一二則槪出於功令之餘習而技巧爲勝　私窃以爲
此村學堂中之所傳誦　而非公之詩之至者　欲求公詩集而讀之而不可
得也　蓋公窮約以卒歲而詩文之在巾衍者　亦未公諸世也　厥後亂離
遷徙　閱歷四十星霜　時一追念　漠然若先天事　今年春　公之曾孫振
鯤氏　訪佑成於京師　曰吾祖遺編　將付諸影印矣　揆以世誼　子可無
一言以識其卷尾耶　佑成　始得公全稿而一覽焉　則詩居十之七八而
其中多憂國憐民之作　聲調志趣　與昔日村堂之所傳誦者　迥不相侔
乃斂衽而書之　曰古今東西之爲詩者　途萬不同　而綜而言之　可分二
種　其一　唯美是耽　花鳥雲月　道釋仙靈　儷黃對白　涉虛遊幻　思自
附於風雅而竟歸於不誠無物　其二　唯實是寫　市井刀錐　田野稼穡
耳目所及　情感所動　發而狀之　各臻其極　自合於實事求是之用者也
公之生　當王朝末葉　國運駸駸如下瀨之船　莫得以挽回　而西來之大
勢　且將捲濤浪而吞陵陸　萬民嗷嗷於誅求之下　而朝廷之上　文恬無
嘻　無一人爲深長思　甚且有賣文無恥之徒　文飾太平　歌頌虞夏　以
狐媚於當路者　比比焉　公以退士窮士　初無民社之責　而漆室之憂
至老益殷　誠忱所鬱　鏘鳴自發於金石　憤貪佞之誤國　而悲斯民之走
死無弔　嗚嗚乎不自知其聲之咽也　乃其模寫所到　官弊民瘼　無不畢
露其情狀　深刻鮮明　恰似一面照魔鏡矣　嘗觀夫中世以來我邦詩家
之得盛名者　類皆不出乎耽美之科　如紫霞申氏　其尤也　惟石北震澤

申公兄弟 得寫實之義 爲今日吾輩後生所欽仰 而今以公之詩觀之
則辭致雖或少遜於申公兄弟 而情曲過之 亦氣數之所使然也歟 要
之 公之詩 爲我邦寫實家之一後勁 則可無疑焉耳 佑成以鄕後生
論公詩如此 不知者 將以爲佑成之有私於公也 然 百歲之下 文眼
自在 疑吾言者 當於靜夜明燈 開公詩卷 細讀一過 然後 再論可也

丁巳一九七七年 六月上澣


## 臨堂集跋


臨堂遺稿 上諸梓 佑成謹書其卷末曰 自淸以降 中國之士尙考
據 崇漢斥宋 惟桐城諸人 宗朱子 其文嚴於義法而波瀾意度近於古
盖中國古文 至桐城而結其局 而朱子之學 亦賴以不墜也 吾邦異乎
是 中古以還 一尊朱子 而儒者之爲文 混於講學 雜以注疏語錄 識
者陋之 於是 倡爲古文者 並與朱學而踈外之 如近世李鳳藻金于霖
二子 其尤也 之二子者 固已一洗注疏語錄之陋 而長於文而乏於學
其歸也 取華而遺實 乃若宗朱學而卓然成一家之文 與桐城諸人同
其軌者 深齋曹仲謹先生也 然 深齋未嘗標擧桐城 遙與相合而已
臨翁以深齋高足 遂明言曰 文當主桐城義法 就桐城中 尤好望溪方
氏 盖以其學有源委也 凡天下器用後出者益善 而文亦如之 往者吾
邦之爲文者 篤追南豊半山 而不知有望溪以下諸人 則抑何固滯之
甚也 佑成非深於文者 於臨翁之文 雖不敢窺其涯涘 亦嘗從其左右
慣聞其爲文之旨 故茲特書此一段 其或有天下好古之君子 於論文
評史之席 因此而知吾邦亦有桐城派其人 則斯爲幸也

丙辰一九七六年 正月晦日

# 中齋遺稿跋



廣州之安　入密陽而奠其居者　垂五百載　雲仍蕃衍　隨處成聚　而金浦　實爲其宗坊焉　鄕中　數篤孝悌而親經籍者　必推金浦氏　前古尙矣　以佑成所嘗及見　有若農西先生之學識德行　爲士林之所矜式挽近世道大變　士風日靡　而猶且誦慕不絶焉　佑成所善　安康煥瞿仲甫　農西先生之從孫也　間嘗袖其季父公遺稿　過佑成　請置一言于卷尾　佑成　閱視其詩若文　樸實而無華　而親戚友朋相與之至性　藹然流露於字裏行間　盖公平生未嘗自命以作者　而所收　只此草草若干篇　亦出於其後承之殫誠綴拾者也　則公之謙牧無待乎言　而金浦氏之孝思不匱　與夫黎獻之無替於永久　於斯冊可驗矣　公晩年愛讀中庸　其自號中齋以此云　亦可見其素尙之一端也

辛未一九九一年　仲春之月

記

## 蘇山書院記

　　敬齋先生河文孝公衣履之藏　在始興之蘇萊山下負坎之原　雲仍蕃
衍　遍居于國中　而歲時奠掃惟謹　歷五百年無有虧闕　歲癸酉孟冬
一宗長老會議　曰以若我祖之德崇業廣　在昔士林之所俎豆　後生之
所矜式　而齊宿焉　講學焉　標以書院者　相望於域內　如陜川之新川
也　文義之友麓也　晉州之宗川也　長淵之盤谷也　茂朱之栢山也　絃
誦洋溢　文彩彪映　固一時之盛也　一自邦禁見撤　鞠爲蕪草　且西潮
東漸　世道大變　至今則竝其形影而莫追矣　洒者挽近十數年來　世
運稍稍轉回　爲名祖之後孫者　莫不努力尋墜緒而復先徽　吾宗盍亦
思所以報其本而承其休也哉　詢謀僉同　卽日捐財鳩工　就先生塋下
數百步許　建巍巍一宇　是役也　十代孫相敏相台　不避風雨　始終董
其事　以明年九月落之　京鄉人士　亦莫不樂成其美　大書扁之曰蘇山
書院　相敏相台　介傍親有楫　請佑成爲之記　佑成　就其址而周覽其
間架　則規模宏敞　布置齊整　正堂五間　堂曰主敬　齋曰存誠　取先生
當日存養之工而揭之者也　外三門曰入正　導學者以門路之正也　別
有內三門　以通祠宇　祠三門曰文孝　紀其實也　佑成　肅然整襟　諗於
諸人　曰書院之設　昉於中古　蓋因官學之衰微士子之失所　而民間儒
者　代任其興起之責者也　然必擇先賢遺蹟之地而爲之者　欲因其地
而寓其慕效之意也　今之世　官學旣張　私學之數　又不啻千百　固無
須乎書院　而顧今學校之所注重　在乎利用厚生　而正德一事　束之高
閣　今日个止非埋之橫行一世　職此之由　倘使後生小子　一至斯境
瞻仰馬鬣之封　由入正之門　登主敬之堂　坐存誠之齋　顧名思義　有
所感發　則其爲教也　不亦大歟　窃念先生爲學　本之乎民彝物則之實
而存心於天德王道之要　遭偶聖明　厥績菀然　而要其歸也　不出於敬
之一字　其爲有體有用成己成物之大君子　雖百世祀　可也　而乃其遺

風餘烈之有補於今日之風化　亦不可淺小之也　則斯院之作　豈徒出
於後孫之慕先追孝之誠而已也　是爲記

甲戌一九九四年　十一月三十日

## 新山書院重建記

　惟我南冥老先生　嘗就金海府東之神魚山　開藏修講學之所　卽山
海亭也　其後　士林　建書院于亭之東麓　奉享先生　未幾而遭壬辰兵
禍　亭與院　俱歸於烏有　於是　士林　再建書院于亭之遺址　名之曰新
山　盖取新與神之音相似也　因竝享松溪申先生　申先生　以當世遺逸
爲老先生知己之友故也　院宇　前臨洛江入海之口　爲東南山川畢湊
之地　今古人物都會之處　新山之名　爲一國衿紳之所嚮仰者　二百有
餘載矣　乃於王朝之末　又被毀撤　風悲室虛　月寒庭蕪　士子之齎恨
久矣　往在丙子　金海鄉中儒論峻發　經始有年　殫誠竭力　遂復其舊
盡輪奐之美　堂齋祠屋　竝仍舊名　祠曰崇道　神門曰祗肅　院之正堂
曰中正　左右爲室以翼之　左敬齋而右義齋也　堂之南　爲東西齋　東
喚醒而西有爲也　正門則進德也　役旣訖　李康琳盧泰元諸公　遠訪佑
成于北漢山下　請以記文　佑成復之曰　近來諸州之興復書院　不一而
止　書院者　學校也　獎育人材之場也　迺今公私學校　碁布域內　學徒
坌集　而回視書院　几案寂寞　絃誦永絕　無其實而有其名　顧何用哉
然春秋尸祝先賢　矜式多士　在今日世界人類　惟物是崇利慾橫流之
中　撫念先賢之往躅　依實事而求其是　尊德性而篤倫常　則其有補於
風化　不可少也　況我南冥夫子直內方外之學　壁立萬仞之象　有足以
砥柱乎頹波　宜乎後人之百世芬苾而無替　彼德川一區　在老先生　有
同於朱子晚年考亭之滄洲　而此地　實無異於初期之雲谷中歲之武夷

記　95

也  且有申先生淸德雅操以之左右  而流其芳馨焉  則諸君子今日之
擧  大有意義  不可與他州之尋常興復  比而同之也  凡居斯土而名在
儒案者  疇不樂成而同參也哉  佑成  生長同省  私淑敬義之敎  而奔
走世路  虛度光陰  遂至白首無聞  然其於高山景行之思  亦不後於人
人  玆於諸公之請  不敢引分終辭  略敍書院廢興之顚末  又以所嘗與
諸公言者  書之如右  以爲新山書院重建記

戊寅一九九八年  南至後三日


## 雲章閣記

吾邦中古以還  論人材文物之盛  必先屈指於嶺南  而安東  又爲嶺
南之第一  世稱安東  爲鄒魯之鄕者  良有以也  逮夫西勢東漸  新潮
汎濫  則擧天下胥以溺焉  而嶺南  亦非復昔日之嶺南矣  惟安東一方
古氣油然  懿範尙存  盖緣故家世族之根基深厚而先賢遺化之至今有
未泯者也  歲丁卯春  佑成  南遊至安東市  與金時璞金日大金棕煥諸
公  同行  訪金時寅子元於郡西之金溪洞  洞爲鶴峰金先生之舊庄  子
元  卽先生之十四世祀孫  而同行諸公  皆其宗族也  前此  子元  藉一
門之力  建巍巍一宇於居第之東祠堂之南  將以藏庋其先世文籍  間
嘗傳言於京師  要佑成名而記之  佑成  取雲漢爲章之義  請以雲章閣
名之  而記則姑未果焉  至是  周覽其間架  則橫三間而縱二間  前後
合爲六間  而隆甍巨棟  華簷廣階  四壁不以土而以甋  間以白灰  丹
碧交映  信所謂傑構也  子元  出示其文籍目錄一卷  上自鶴爺湖堂朔
製中外使行日記等手錄文字及壬辰倭亂前後史料  下至近世文集雜
纂歷代戶籍家中諸文記  總爲壹萬三千餘點  而其中  指定爲寶物者
多至五百有三種  盖今日國中私家所藏之珍且富  無有過乎此者矣

佑成  歛祍而告之曰  凡此所藏  無非哲祖賢父精神之所寓手澤之所
存  則爲其後人者  視之如天球弘璧  奉守護持  宜無所不用其極  而
以余觀之  此非一門一鄕之所可私有  當推而廣之  與一國之人  同其
寶  爲五千萬所共瞻仰如彼雲漢之麗于天而煥乎其文章之自發也  杞
宋  古國也  而文獻不足  則以孔子之聖  猶且無以徵之  故君子  最重
文獻  吾知夫天下後世萬變千化無有窮已  而有欲徵吾邦人文之舊者
必將於斯閣乎求之矣  豈不韙哉  子元曰  果爾吾輩與有榮矣  諸公
皆以爲然  因書所與語者爲之記

丁酉一九五七年  閏六月上澣


## 五峰書堂記


聚遠堂曺先生  歿二百餘年而密陽士林  通文于太學  始俎豆於鄕
社  幷享其曾祖淨友堂先生  揭額曰淸孝祠  此正廟二十年乙卯也  其
明年丙辰  遂昇號五峰書院  自是以降  令祖賢孫  一體同祀  而一方
衿紳之藏修遊息於斯者  六紀有餘  至高宗初葉  雖以邦禁見撤而書
院之扁  改以書堂  堂宇猶且儼存矣  歲辛酉仲夏  聚遠堂十世孫喜鵬
過佑成于北漢山下曰  我五峯書堂  迄于今  未有記文  今以門父老命
敢請于子  子無辭爲  佑成拱而對曰  凡生居密陽而以儒爲名者  於聚
遠堂先生  孰無欽仰之心  又孰無贊述之志哉  先生以名家子  早遊退
陶之門  一代賢哲如栗谷高峯寒岡諸先生  莫不以友道相引重焉  先
生孝友出天  親喪  盧墓三年  弟芝山先生以非罪而謫江東  先生不勝
看雲之思  自兵曹郞  求爲平安都事  兄弟日與對床論懷  因感疾  竟
至不起  事聞  朝家卽命旌閭  又錄於三綱行實  其返葬也  江東人  數
千里裹土而至  築塢植竹  以表興情  至今稱江東邱者  存焉  嗚呼  士

記 97

有文有質　固難矣　其存中而著外以孚于人人者　尤爲不易　如先生
不第吾鄕　通國而論之　亦未可多得也　然　先生之資之行　求其源　寔
由其世德而來　就中　淨友堂先生志節風韻　尤有足以承先而牖後者
盖當燕山昏朝　獨守貞介　中宗反正　又慍于權貴　出爲大邱府使　而
及卒　錄淸白吏　賜玉碑　以侈其墓道　則亦可見當時公議之不泯　而
其不食之報　乃有如聚遠堂先生　又在於肖孫之列焉　當日祖孫之並
享於一祠　良有以也　雖今祠享已廢　而五峰書堂　歸然尙在於舊址
則過是閭者　必將撫遺躅而起緬想　因以有所矜式也　況自西潮東漸
人無賢愚　胥溺以化　其歸也　輕視倫紀　廣扇物欲　傷風病國　非今斯
久　任民社之責者　思有以匡救之　則淸白奉公孝友爲家八字　是今日
第一義也　然則淸孝之義　當自今益彰　而世之人　將於此五峰書堂而
體其義也哉　是爲記

辛酉一九八一年　孟冬之月


## 道岑書院重建記

　吾邦之儒學　發祥于嶺南　而名賢之輩出　亦莫過乎嶺南　中古以降
嶺南七十餘州　在在書院　絃歌之　尸祝之　固一時之盛也　迺者　物極
弊生　書院之設　旣濫且疊　其中有不當設而設者　王朝之末　遂下毀
撤之令　其中又有不當撤而撤者　若安東之臨川　星州之檜淵　是已
而永川之道岑　亦其例也　道岑爲芝山曺先生俎豆之所　先生以間世
穎秀之資　未弱冠　就學陶山　與鶴峰西厓寒岡諸先生　在同門之列
聲望夙著　不幸枉被誣陷　遠謫西邊　邊鄙朴野　業文者少　先生至　敎
誨不倦　化行一方　自上有關西夫子之稱　壬辰丁酉　竭蹶于國難　惕
勵于民政　功存社稷　澤被儔胞　及其倦而歸也　卜地于永川五芝山下

築拙修堂忘懷亭 優遊涵養 以卒歲 其後 士林刱書院于其傍 至肅
宗朝 賜額曰道岑 道岑之在嶺南 其風聲大而遠矣 毀撤之後 鞠爲
蕪草者 三紀有餘 士林嗟惋 改建書堂于忘懷亭後 爲藏修肄業之計
而猶以爲未足也 甲戌冬 大會于永川鄕校 發議復書院之舊 結成推
進會 委員長李東琪 與祀孫寧穆 極力綢繆 翌年春 就舊址告開基
至戊寅臘月而落成 棟宇復燦然矣 堂齋祠屋 皆仍舊名 廟曰聖慕
內三門曰永綏 外三門曰止水 講堂曰會萬 東夾養源而西夾求端 堂
之南 爲東西齋 東希顔而西逢原也 今年冬 後孫鍵鏞兄弟 與翊鉉
氏 請佑成記其顚末 佑成 窃嘗謂當日陶山門下 碩學哲匠豊功偉烈
輝映簡策 而至於處困履亨 沈潛義理 發揮指訣 菀然爲一代眞儒者
則指僅三四屈矣 而先生 實與於其一焉 宜乎吾儕後生之以儒爲名
者 亘百世而高景也 則今日諸君子之殫竭誠力以復其舊者 豈無謂
也哉 佑成 自幼少時 知慕先生 嚮在泮學 手編陶山及門諸賢集 刊
而行之也 就先生遺集 猥加解說焉 僭妄殊甚 而亦出於彝衷之不容
已者 今於是託 其烏可已 兹敢略敍事實 且書平昔所感于中者 以
爲書院重建記云

己卯一九九九年 孟春之月


## 春雨亭記


歲己酉夏 亭之役 訖 門父老子弟 大會一堂 觴而落之 佑成 遙
在京師 不參其筵 未幾 因鄕行 車過龍頭橋 望見一傑構 翬飛於林
木之端 與江山之雄麗 相稱焉 車中人 相與指點嗟訝 以爲前所未
見 有識者曰此驪李氏之所新築也 又曰此龍城里也 里爲驪李氏之
舊居 李氏以密陽大姓 旣有月淵今是諸名亭 而此又其宗派之臺榭

也 佑成 心窃自念一亭之作 有關於人之耳目 不輕而重也 如是哉
人之見之者 不過一區景觀之明滅於瞥眼之間 而必言及其主人之氏
姓 且道其門第之高下 爲吾宗者 可不有所省哉 厥後 宗老革齋翁
炳虎 以宗議問亭名於佑成 且命爲之記 佑成敬爲之復 曰亭爲吾宗
族燕喜敦睦之所 而亭之後麓 爲吾先祖進士公以下累世兆域 盍以
春雨名之 古人云春雨潤木 自葉流根 盖木無其根 則莫有其葉 而
春雨之潤 自葉而流焉 則葉之於根 不亦重歟 吾先祖積德累仁數百
年 子孫之食其遺澤 固已弘且深矣 自世道之大變 吾宗亦飽經興替
自玆以往 不有吾子孫之努力修德 以召吉祥 則先祖之遺澤 亦安保
其無斬於永久也哉 亭之役之始也 一宗長少 罔不協誠殫慮 以底于
成 玆雖若小事 推此可占吾宗族之復振厥緒而雨葉之潤 竝流于根
將見吾先祖餘光剩馥之日增其鮮烈而益綿其餘慶於無窮也歟 亭凡
五架 中爲廳事二間 而西二間及東一間各爲燠室 前爲小軒以翼之
軒之名歸根者 亦出於春雨之義也 是爲記

丁巳一九七七年 四月一日

## 后山精舍記

在昔英祖庚戌五月 密庵李先生 考終于安東府臨河縣錦水之里
以其年十月 葬府南武陵未向之原 自此 子孫之虔奉香火 士林之瞻
拜致敬者 且二百五十有餘年矣 山之下 有一屋 爲歲時齊宿之所
而儉朴狹小 中經改建且重修者 幾次 而猶嫌其未洽也 歲己卯春
門議齊發 鳩工購材 踰年而落成之 棟宇始奐然矣 屋凡三間 中爲
堂而東西爲房室 設大門於堂之正南 又別就東墻 作庫舍一間 以貯
器物焉 是役也 胄孫秉甲教授 主其事 諸爲後承者 殫其誠衷 而炫

雨東胄兩公 宣力最多云 秉甲 名之以景慕齋而請記於佑成 佑成
未及作 而秉甲馳書以來 曰鄕中士論 必欲改扁以后山精舍 願有以
諒其意而發揮其義也 盖錦水之里 非先生世居之地 先生之居錦水
實由於先葛庵先生之還自配所 講學於此 而先生奉以周旋焉 及葛
爺之易簀也 先生 暫移于梧垈 築后山草堂 穿竹爲逕 蔭杏爲壇 以
之延友朋而來學徒 於是 梧垈 爲安東之一名區矣 先生晚年 還寓
錦水 竝草堂而徙之 而後之人 不忘梧垈之遺址 培護杏竹 追慕風
韻 依依不捨者久矣 而物換星遷 今亦爲草莽矣 及此新齋之成 扁
之以后山 允合於吾林之情緖故也 佑成復之 曰子孫之景慕固爾 而
后山二字 實爲先生學脉之所存 則士論之欲以此表章者 豈無以哉
吾邦之有安東 如中國之有曲阜 以退陶之道尊學粹 亘百世而仰如
三光也 佑成 窃嘗謂陶山門下 有三宗師焉 鶴峰西厓寒岡是也 迺
西厓之學 傳于尙州而愚伏江皐 光其統焉 寒岡之學 傳于近畿而眉
叟星湖 恢其流焉 惟鶴峰之學 世世相傳于安東本鄕 自敬堂葛庵
下逮大山定齋 而先生 位於其間 承前而啓後 確立其壁壘 使安東
一境 享有鄒魯之名 以至于今日焉 猗歟休哉 佑成 自少知讀先生
書 而汩沒風塵 學荒而文靡 今於是託 愧無以承當 而猶此不敢固
辭者 寔出於宿昔高景之思也 覽者不以爲咎 則知所免矣夫

庚辰二〇〇年 小暑節


## 仰止堂記

余觀夫世族故家 其麗蕃衍 在今日變動不居之世界 而蹶而起 危
而安 有同百足之虫 至死不僵者 溯其源 必於數百載前 有一二大
君子 蓄德行義 深仁厚澤 足以歷世而不斬焉 盖非無所自而然也

故曰根深而葉茂　源遠而流長　此雖陳言　而居今之世　尤驗其爲眞理也　乃若堪輿家者流　萬事歸之于祖先墳墓　輒稱曰名山子孫　噫　名山　豈能福人　人之福　自能名其山耳　李之星山氏　通國著姓也　高麗末　有諱汝良　官左正言　以直聲聞　鼎革後　歸金陵之大鳥洞　罔僕以終　子諱友　材兼文武　仕漢陽初葉　至晉州牧使　沒而葬于甘文面谷松里之主峰　亦金陵地　而世所稱名山也　今其後裔　徧居域中　殆至數千戶　雖其間　興替顯晦之或有異同　而擧能立家置業　上可以馳譽郡國　下猶不失其本色焉　余父執白溪翁基仁　嘗過余　曰文獻不足吾先祖兩世行蹟　無得以詳　然　吾子孫之有今日　何莫非先蔭攸曁則追遠報本之誠　不容少弛　前歲癸丑　以諸族之議　竪正言公遺蹟碑于大鳥洞口　旣又就牧使公墓下　築丙舍四棟八間　名其齋曰維必　維桑必敬之義也　堂曰仰止　高山仰止之義也　齋吾已記之矣　堂欲屬君爲之記　君其毋辭　余斂袵而復之　曰名山之名　在得福人　則高山之高　亦在仰之者其人耳　人孰無祖先　亦孰無賢祖　而賢祖之賢　在乎子孫之繼述焉　繼述之善　莫如孝　以之報本　以之追遠　則高山之仰自在其中　而祖先之深仁厚澤　將愈久而愈綿也　然則是堂也　自可以證夫百世　而無待乎文獻之足徵也　翁曰善　因錄之　以爲仰止堂記

丙辰一九七六年　上元節


## 棲雲亭移建記

始余之遊溪南甥館也　外舅南坡翁　康彊在堂　而門戶之大　文艷之盛　稱爲吾嶺第一焉　余以暇日　謁陶山廟　又從居第之東　登棲雲亭吟賞而歸　則南坡翁　引而置之膝前　娓娓說故事　且曰汝知棲雲之義乎　亭吾高祖聾窩參判公晚年退休之所　而就退陶先祖詩在山願

爲棲雲鶴之句 摘取其二字而顔之者也 有定齋柳公記文 及古溪可
隱諸老之樑頌在 汝可按而知也 顧余時尙蒙駿 無所省識 其明年
翁卽下世 世變從而層生 田園蕪沒 閭巷蕭條 大非疇昔光景 行路
之人 無不指點其空宅 而嗟惋乎人事之無常也 卽所謂棲雲亭 亦
且深鎖其窓扉 而無有啓其鐍者矣 余亦混跡市井 每追想翁風猷懿
範 及昔日盛時 不禁中夜沾袖 次子源康 間嘗對余言 曰舍伯遠遊
無聲息 而吾求食在外 且爲宿崇所苦 無以自振者久矣 今吾幸而
有勿藥之喜 則可不有所事於吾故里也哉 迺今治洛江之水者 截其
上流 爲大堤以蓄水 永嘉以北名村古邑 太半陷沒爲水國 吾祖先
流澤播芬之地 擧不免入於魚龍之窟穴 此雖出於國計民生之萬不
得已者 而自我觀之 滄桑之變極矣 寧可不痛心也哉 雖然此今日
之事勢也 勢吾無如之何矣 兹就丹砂先墓下 卜一新基 竭力經營者
已有年所 及今始得移溪南古宅於其址 並將棲雲亭 移建于宅東
其軒架門墻 一依舊制 而不敢有少改張焉 今工役纔完矣 不可無
一言爲記 君其圖之 余作而歎 曰天時之有往返 人事之有乘除 理
所固然 則今日之事勢 亦安知其不偶然也耶 勢之來 吾固無得以
遏 顧吾能有以善應之 則勢反爲吾助矣 今故宅之移築 寔出於勢
之無奈 而若能因此 而爲革舊就新之機會 使舊家祚運 日日而新
焉 則昔日門戶文艶之懿 可以復見於將來也 無疑矣 詩云周雖舊
邦 其命維新 余於溪南 亦以此頌之 蓋余不僅以一棲雲亭之移建
爲大幸也 兹並書之 以爲記

壬申一九九二年 五月

## 西湖亭重修記

西湖亭 故韓成均進士蒼來曺公別業也 在永陽之南蒼水之上 有
林泉之勝 中經世變 景象頓殊 盖子姓轉徙都市 管領無人 棟宇日
就頹荒也 昨歲戊辰 曾孫鍵 使從弟鎏 爲重修之計 極力措辦其經
費 要三從叔圭鴻氏 董其役 辛勤六七個月而功告畢 於是乎 昔年
輪奐之美 可以復覩於今日矣 噫 天時有往返而人事有乘除 平泉花
石 化爲榛莽 則玆亭之有興廢 固所難免 惟賴後承 不忘先蹟 隨其
所遇而殫其追孝之誠 蒼來公在天之靈 亦應默佑於冥冥之中 俾得
有今日也 竊想蒼來公 神馬尻輪 陟降於斯 自玆以往 一境湖山 萬
古不變 而當日之風流文彩 永有所不泯也 鍵氏與佑成 爲中表兄弟
間嘗過佑成 請略記其事 余惟兄之意 有在 非爲一時觀美而然 有
不敢辭以不文者 謹書此 以酬其意云

己巳一九八九年 孟春之月上澣


## 風竹軒記

陶南翁六十一歲生朝 京中諸長老名碩 會于有朋之堂 觴而樂之
月灘 以邦語 作風竹詩一篇 以替介眉之祝 其略曰 有竹靑靑兮 根
盤于巖壁 高麗天朗兮 翡翠其色 白雲與之密語兮 常欣欣其自得
何來颱風兮 渰暴雨於山河 萬物離披兮 奈竹何 葉戰枝彎兮 終不
摧斜 雨收風止兮 毅然其故 靑靑不改兮 千百古 高麗天朗兮 白雲
與之密語 於是 无涯鷺山 皆以風竹爲題 歌短章以賡之 翁得此 大
爲慰悅 佑成 時適不參 翌日往候 則翁眉際 尙隱隱有喜氣 出諸公
詩章 朗詠一遍 因謂佑成曰 吾欲以風竹 名吾軒 子其記之 佑成對

曰 非風 無以見竹 竹且不敗於風 然 曷若不風之爲安且靜也 風之
既久矣 竹亦知夫苦辛矣 盍思所以靜而安之 俗所謂無風地帶者 正
宜翁今日着身之所 乃今樂取風竹 有若以風爲娛者 甚非佑成之所
望也 翁愀然曰 風之作矣 非吾所能遏 既吾不能遏 乃吾可獨安於
無風之地耶 佑成 不敢復難 爲誦退溪先生「風竹詩」一首曰 風微成
莞笑 風繁不平鳴 未遇伶倫采 空含大樂聲 翁卽濡筆書之 打圈于
空含大樂之句 吟諷不已 盖有當於心也 玆並錄之 以爲風竹軒記云

甲辰一九六四年 仲春之月


## 密城朴氏追遠齋重建記


朴爲吾東方固有之大姓 而其得姓 遠自新羅開國之始祖 厥後數
千年 乃其子孫之蕃衍而隨地而成聚者 遍于八域 而其中 氏于密城
者 尤以系譜之的確派流之弘長 人物之昌盛 聞於鄕國焉 密城氏之
中祖曰銀山君 諱永均 官三宰 有三子 長諱翊 號松隱 次諱天卿
又其次諱文卿 在高麗末 松隱 與其弟公 棄官南歸 鼎革後 守志自
靖 爲學者師 松隱子憂忍啞拙四堂 如鸞鵠之停峙 照映一世 人皆
謂密城氏之興旺 實肇於銀山君 雖因夫世代悠遠 史乘之殘缺 其事
其蹟 無得以詳 然 推以封君之號 必應有勳勞於社稷 自朝家償其
爵秩也 無疑 且以子若孫之承休趾美 濟濟不匱 觀之 亦必有深仁
厚德 有足以裕其後昆於無窮也 不亦猗哉 銀山君衣履之藏 在古靈
山縣廣溪村負乙之阡 歲時香火不絶 墓下有齋曰追遠 爲諸子孫奠
掃齋宿之所 其始 不知肪於何代 而歷歲之久 其重修改築 蓋亦不
止於一二回矣 歲甲申初夏 大宗會長十八代孫朴在述氏 與其宗員
登茁泳昌熙鶴三氏 北走千里 訪余于漢陽之西坰 曰齋今又重建矣

吾諸宗　合心協力　就舊址　拓而廣之　新其材而高其棟宇　正堂五間
仍舊名而扁之曰追遠齋　東西齋室　及門舍　次第見成　吾輩　欲紀其
事　以示來後　願子爲吾輩　惠以一文　俾刻揭于齋壁也　余惟密城氏
之先蔭旣厚　而後昆之繼述　又如是其勤且摯　斯可爲今世之模範也
余雖不文　烏可無一言以獎勸之也耶　乃撮錄其先世文字　謹爲之記
如右云

甲申二〇〇四年　八月


## 仁山書堂記


　華嶽　來自玄風琵瑟山　至淸道密陽之界　雄蟠特秀　爲一方鎭山
而淸淑之氣之所鍾　古今多人物之誕育焉　嶽之西麓　有仁山里　舊隷
淸道　今屬密陽　卽淸道金氏世居之地也　金氏以高麗英憲公諱之垈
之後　入朝鮮有梁山郡守諱克裕　當壬辰亂　有功於民社　自朝家有褒
賞之典　其玄孫處士公諱喜文　好學篤行　爲鄕黨所推重　自此累世有
衣冠聞人　譜不絶書焉　佑成所善金文會氏　處士公六世孫也　嘗與其
宗孫相穆氏　北來京師　訪佑成於栖碧之莊　出以數件艸記而曰吾里
中昔有興敎齋　一門長少肄業之所也　歲久頹圮　中年就齋之南　闢新
址而建一宇　改其扁曰仁山書堂　族曾大父參奉公諱斗星　實董其役
挽近來　俗尙大變　年少後生　學皆趨新學而棄古道　所謂書堂者　只
存名目　任其榛荒而已　竊自念世間學制　旣不可返諸古　則書堂之名
固無以副其實矣　顧獨不可於此而思所以尊祖敦宗之道乎　乃與相穆
君商議　倡率諸宗　重修書堂而名其齋曰報本　軒曰怡怡　因錄其梗槪
將以謁文於當世秉筆之家　而耆德彫零盡矣　茲於吾子囑焉　子幸勿
孤余意也　佑成問報本怡怡之義　的有所指否　曰人誰無祖先　又誰無

子孫　而我處士公　有隱德　以裕其後承　吾輩之有今日　盖莫非處士
公所賜　則吾輩之欲尊其祖而報其本　當於處士公始也　且處士公有
二子　長諱成澤　次諱成寶　兄弟友愛　出於天性　同財共爨　以終其生
而其深衷至情　至于今爲後承所感慕　玆揭怡怡二字以資吾今日宗族
之敦睦也　佑成作而對曰有是哉　仁山之爲里也　吾嘗愛仁山之稱　求
其所以而不得焉　孔子曰孝悌其爲仁之本歟　今此報本也怡怡也　莫
非出於孝悌　推而至遠而思與之齊者　金氏諸昆　顧名思義　交修互勉
孝悌爲風　則里之稱仁　果不虛矣　天之錫類不匱而華嶽鍾靈之地　人
物之誕育　尤將於金氏一門見之也　玆書之爲仁山書堂記

癸亥一九八三年　孟夏之月上澣


## 閟山亭記

閟山亭　在韶州之沙村里　韶州爲吾嶺名鄉　世族古家　碁布境內
而沙村之豐山氏　居其一　豐山氏　出自安東之河回　河回之柳　名聞
一國　而沙村　亦以文艷世其家而無少遜焉　至閟山先生諱道洙　以溪
堂高足　邃學清標　爲吾嶺之望　在舊韓之末　外戚用事　雲峴遜于荒
野　國事日非　民心憤惋　嶺中人士　治萬人疏　赴訴于闕外　而先生實
爲其疏首　蓋先生爲學　本之乎民彝物則之實而存心於天德王道之要
當民社關係之莫重　人倫存廢之攸繫　以儒門丈席　衆望所歸　無從以
辭其責也　則決然以臨之　無少退屈　以此而定配于遠惡之地　八載風
霜　乍放旋逮　竟一生間關崎嶇　而怡然以處之　無少挫折　而其憂世
憂道之意　未嘗因此而少衰　觀於北遷芹曝錄　可知也　前此　宗老洛
坡公爲相　先生　以所著相鑑博議　獻之　冀有以參用　後人謂博議與
芹曝兩書　一代經濟之方略　具於此　先生　昔嘗就龜山下　擬築一亭

而名之曰閩山亭　蓋以龜山之在閩中也　有五十琴書閒裏客何年屋就
付幽情之句　又有閩山亭諸詠十五絶　載在文集中　噫先生　以林下之
士　卜得一區別業　左經右史　優遊涵養　以之安其生而樂其道　誘掖
後進　闡揚文運　寔其素抱然也　乃事有大不然者　北謫南竄之際　菟
裘之計　歸于空漠　而先生易簀未久　而漢陽之社　亦周以屋　世態人
心　朝不保夕　江山風物　變遷移換　茫乎其莫追矣　乃今光復六十年
之日　曾孫時碧翁　慨遺志之未就　與其再從弟時億諸兄弟　經營企劃
積有年所　乃得地於紫霞山下　廣百餘畝　幽靜爽塏黃鶴山　峙其東
沂水　繞其南　而西林鬱茂葱靑　隱然作一帶屏障　距村閭咫尺而自成
一境界　此殆天藏而地秘　以待乎今日者也　是豈偶然也哉　亭凡七八
架　高堂廣室　軒階通敞　儘所謂傑搆也　又將就亭之傍　建屋數十楹
爲子孫居住之所　至是而能事畢矣　時碧翁　以九十老軀　躬訪佑成於
漢陽之西坰　請以亭記　佑成於翁　兄事之已久　且平日讀先生書　慕
仰深矣　託名於楣間　豈非榮幸　玆以一言復之　曰天運循回無往不返
今日爲先生後者　使先生當時未就之志　得遂於今日　此豈特報本追
孝之誠之可尙也　將見先生在天之靈　悅豫於冥冥之中　而神馬尻輪
隨時陟降于此　享靈境之淸福而垂陰德於無窮也　是爲記

歲乙酉二千五年　六月


## 鳳陽齋重建記


密城之朴　自羅麗以來　爲通國著姓　至麗末鮮初　有若松隱先生忠
肅公文章風節　儀表一代　而其子憂忍啞拙四堂　如芝蘭玉樹　交輝而
互映　自玆以降　歷五百載　其麗寔蕃　幾遍一省　佑成　以密城鄉人
所與交　多朴氏　歲甲申冬　拙堂公派大宗會長鍾現　與其宗人登芇

訪佑成于高陽寓廬 曰我拙堂先祖衣履之藏 在陜川之鳳基 每歲霜
落 遠近子孫 咸來奉享火 惟謹 塋下有齋 曰鳳陽 實爲子孫奠掃齊
宿之所 往年 重齋金公梶 記其楣矣 歲且久 齋舍頹圮 宗議齊發
撤而去之 拓其址而廣之 購其材而新之 營築閱歲 棟宇翼然矣 玆
者 欲得吾子之文 以識其實而侈其觀 因出示聯芳實紀一冊 曰實紀
有上下兩編 其下編 寔吾拙堂公之詩文幾篇及其附錄文字也 佑成
閱視其大槪而復之 曰前乎鳳陽而別有鳳山之齋 在三岐大平 亦屬
拙堂公之墓齋 郭俛宇徵君之記 詳叙其經緯而追述拙堂公之德儀
備至 重齋金公之記 又因其師之說而增益之 其於稱揚先徽 殆無遺
憾矣 又何架疊之爲 兩人合辭而對 曰齋旣重建矣 宜別有記 子無
庸辭 因略述其間架曰齋凡五間 中爲堂二間 而東西爲室 東一間而
西二間也 齋之前 別建東西齋各三間 就其南又作門舍三間 規模粗
備 所謂苟完苟美者也 佑成 竊惟今日俗尙大變 唯物是崇 古之賢
聖 所以維持人紀而扶樹世敎者 擧不免荒廢 有識之士 寤寐憂歎
乃今朴氏一門 有見於報本追遠之道 合心協力 思所以崇祖而敦宗
以作一方之模楷 何其懿哉 昔人 有鳳鳴朝陽之語 今玆鳳陽之扁
其或爲來世之瑞徵也耶 是爲記

歲乙酉二千五年 大暑節


## 龍巖書院重建記


古三岐縣 與嘉樹縣 合而爲三嘉 三嘉 卽我南冥老先生生長之鄉
也 今也 三嘉 又屬陜川郡 郡中人士 以老先生遺化之地 而無矜式
依歸之所 且無俎豆之事 常以爲恨 蓋昔嘗有龍巖書院在魯坡里院
洞 與德川新山兩院 同時賜額 主享先生 而士子之所藏修且二百有

餘年 乃見撤於舊韓之末 而其地 鞠爲茂草 近又陷入于陂澤 無形
影之可尋 不亦可慨也哉 往歲辛巳 以老先生誕降五百周之年也 士
林齊起 倡書院復舊之議 三嘉草溪江陽陜川等諸鄉校之在郡中者
無不同聲相應 結成推進會 推佳湖金煉 爲委員長 主其事 因請于
官 要其資助 官亦欣然應之 投巨金以相濟 俾無不足於需用 乃相
地於兎洞雷龍亭之西 得數百畝 平曠爽塏 而紫崛山 在其東 七坪
山 遶其南 黃梅山 峙其北 其西則智異山 在百里外 雄蟠特秀 遠
作屏障 楊川之水 自北而南 透迤屈曲 如擁護此地然也 於是 以甲
申春 始役 開基整地 鳩財募工 大起工役 閱數十朔而役垂成焉 凡
其祠宇堂齋之規模 比舊益宏敞 而其扁額 一仍舊名焉 祠宇三間曰
崇道祠 別有內三門 講堂六間曰居敬堂 堂之南 別建東西齋各四間
西閑邪而東存誠也 又其南 作大門五間曰集義門 門之外 有一碑
古色蒼然 乃老先生丹城縣監時辭職上疏之文也 而自雷龍亭搬來者
也 雷龍亭 爲老先生當日別業之存留者 而餘芬剩馥 至于今未泯
因河川之汎溢 將移置于崇道祠之西 與書院連墻 亦一勝事也 日
金煉氏 與河友有楫 遠訪佑成于漢陽之西坰 請佑成記書院之重建
事實 佑成 不敢辭 第以一言復之 曰書院者 古之學校也 太學鄉校
之外 儒林私立書院 以補國家之教育者也 故 古人比之國庠 乃自
中世以來 所謂書院者 有其名而無其實 絃歌之絕 已久矣 且今民
間之私立學校 在在皆是 亦何用書院爲也 但今日書院存立之意義
在乎尸祝先賢之一事 每歲春秋 濟濟多士 會集一堂 深衣大帶 嚴
修儀式 使先賢之風猷儀範 得以延至于今日之世界 玆豈小補云乎
哉 嗚乎 今日之世界 波盪極矣 道義墜地 利慾橫流 年少後進 日
趨新奇 蔑棄舊規 有同弊屨 鄉黨長德 宿寐憂嘆 而隻手狂瀾 無以
爲力 今日書院之恪守古禮 實有不容已者也 子貢 欲去告朔之犧羊
孔子曰汝愛其羊 我愛其禮 夫子此言 寔出於存古之意 吾輩可不深

長思也哉　況我老先生敬義之學　扶竪世敎　撑拄古今　後生小子之過
此書院者　由集義門　入居敬堂　徘徊瞻仰　必將有肅然而整襟悠然而
興感　因有以想像先生之儀表而體認先生之精神者矣　是亦可以爲匡
時導俗之一端　吾輩可不三致意也哉　是爲記

二千五年歲在乙酉　中秋節


## 德陽齋記

佑成　家密陽　生長乎江湖佔畢齋兩先生遺化之中　而顧兩先生之
墟里　埋沒於荒烟野艸者　四百有餘載　稽鄕故而閱國乘　未嘗不慨惋
于中也　其後　來職于漢城　與金君東漢甫　交而莫逆　君卽江湖先生
後也　嘗言於佑成曰戊午士禍之後　吾家　自密陽　流寓伽倻山下　未
幾　轉至居昌　始奠厥居　到今十四五世　子孫之析戶而家者　且百數
十矣　我高祖槐巖公　以文學行誼　見重於士友　而常以吾先祖未蒙節
惠之典　爲至恨　裹足千里　屢訴朝廷　延諡曰文康　曾祖夙軒公　繼其
志　謀於諸族　爲吾先祖起一精舍於黃江之曲　而扁之曰一源亭　所以
明吾邦儒學淵源之所自也　今世相大變　吾且爲斗祿所縻　棲屑京鄕
而累世先蹟　無日不往來於心也　癸丑夏　佑成　作嶺右之遊　歷花林
天嶺等地　入居昌　過一源亭　讀文康碑　以寓高景之思　遂訪其世居
之大山里　君止余宿　翌朝　導余至其德陽齋　曰此吾爲我高祖槐巖公
築者也　公爲吾家重興之祖　故　吾王考　有意堂構而羹墻之　而姑未
果　吾先考　亦齎志而歿　只遺材木若干　今者　不肖　以老母命　經始
有月　功纔告訖矣　今吾子　幸而至此　請爲我記斯齋也　因道槐巖公
事曰　公幼有異質　問學甚勤　一夕困倦　枕書而睡　夢先祖從祠堂出
呼而勸讀　公驚悟　俄而睡復着　又夢先祖厲聲責之　至以杖擊膝　公

自此 倍加勉勵 卒有成就 而其一生 孜孜以紹述吾先祖志業是務焉
者 良有以也 故吾於斯齋 亦推公之意而溯及乎先祖 名齋之正門曰
繼啓 繼往啓來之義也 齋之兩室 左曰發省 取先祖詩語 欲學者常
提醒其心也 右曰修睦 爲吾門族歲時燕喜之所也 佑成 向者初識君
於逆旅 謂名祖之孫 固有異於人人 及今身到其故庄 見門戶整餙
丘園窈窕 而其父老子弟風範 蔚然爲鄉黨所矜式 齋之作 豈徒以哉
於是 夙昔所慨惋于中者 怡然消釋 以爲先賢之餘澤自在 而天道之
果有不誣也 茲竝書其所感 以爲德陽齋記 其云德陽者 以其地在德
裕山之陽也

甲寅一九七四年 仲夏之月


## 桂陽齋記

古靈山縣桂城里太白山下 有桂陽祠 祠之前 有桂陽齋 祠爲辛氏
四賢俎豆之所 而齋卽其子孫齊宿燕喜之室也 靈山之辛 粤自高麗
登於史策 而入朝鮮 宏才碩德 先後挺生 蔚然爲鄉邦望族 四賢 寔
鄧林之木而崑丘之玉也 四賢謂誰 終慕堂諱柱 縣監諱䃉 竹亭諱景
夏 聽溪軒諱碩林 是也 終慕堂公 天性至孝 親沒 築小齋於先隴之
下 朝夕展省 以寓終身之孺慕 出而需世 倜儻有將略 累鎮北邊 威
惠竝著 在世祖朝 以穩城僉節制使 討兀狄哈 應變制勝 立殊勳 名
震朝端 成宗朝 爲永安南道都節制使 後以同知中樞府使 辭職歸
鄉 養繼母以誠 雖前後累遭廷臣之譖間 而自上輒賜庇護 可見其忠
藎不貳也 縣監公 以終慕堂曾孫 慷慨有氣節 當壬辰亂 與兄聞巖
公 倡起義旅 以兵一千 駐箚本邑 招諭使鶴峰金先生 聞公名 啓公
爲泗川縣監 收合散卒 爲防守計 晉陽被圍 公勇赴抗戰 及城陷 與

之俱死 竹亭公 以縣監玄孫 亦篤於孝 年十五 母病沈劇 斫指注血
以延七日之命 執喪哀毀骨立 而動遵禮制 無或小違 奉養嚴親二十
年 凡爲人子者職分所當爲者手力所可及 無不竭誠以致之 有四弟
自在襁褓中 愛撫保育 以至成就 遇宗族 情誼俱洽 每值饑歲 罄餘
粟 繼以賣土 計口救活 行有餘力 向學甚勤 遍覽經傳 深透奧旨
而尤以『孝經』爲着力處 親沒 棄擧子業 就墓傍 搆小廬 以居 又作
竹亭數間於溪上 自號竹亭主人 芒鞋藜杖 逍遙以卒歲 一代名碩
如趙玉川李訥隱權江左諸君子 莫不與之推許而引重焉 聽溪軒公
卽竹亭之曾孫也 八歲 讀『孝經』 十五歲 盡讀六經 傍涉百家 奮然
曰立身揚名 以顯父母 孝之終也 苟非科擧 其道無由 遂志于科業
以正宗戊午 登文科 歷正言持平 爲吏曹佐郎 出爲梁山郡守 其在
銓曹也 有李某 出宰蔚山而不來謁 公曰法不可廢也 代囚其邸吏
物論洶洶 盖故事 出宰者 必謁本曹 而李怙勢而不爲也 金判書魯
敬 宣言曰 此嶺南人本色 其氣節可尙也 梁山 僻在海曲 政弊民困
公爲治 一以廉簡 百度就緒 及解綬而歸 無復榮進之意 曰士生斯
世 旣不能佐明君致太平 孰若優遊山澤 自樂其樂也 況余 久曠子
職 而至願 只是一專城之養 幸而奉檄 少伸微誠 今而後 吾復何求
自是 家居 不離親側 怡愉終日 命之退然後退 退與諸弟 會一室
歡如也 所居 有淸流白石 相觸作鍾磬聲 公樂之 自號聽溪翁 臨沒
招集子姪 曰吾年七十有五 終養二親 子女婚嫁已畢 死無憾也云
往在高宗丙寅 鄕省人士 立祠 享四賢 未幾 以邦禁見撤 祠宇鞠爲
蕪草 齋舍之覆以草者 亦僅蔽風雨以度歲 歲甲戌 辛公泳升 與僉
宗 謀復其舊 先就齋舍 易草以瓦 補修軒墻 而祠宇之重創 則姑未
果焉 其後 僉宗合心 結成復元推進委員會 容濟鎭敎珍植 其顧問
也 鍾椿其委員長也 容讚任基容守容變 其委員也 經始有年 祠宇
旣得竣工 齋舍亦加塗墍 將以再甲戌之五月 落之 宗議 使鍾友君

訪佑成于漢上　請以齋記　佑成　以隣鄉後生　窃嘗聞四賢之風而慕仰
之者　非今伊昔　玆據王朝實錄及家傳而記之如此　盖因齋記而略述
四賢之事　竝敍祠宇之興替　以至于今日之復舊也　四賢之在世　或行
或藏　其途雖殊　而夷考其行　莫不源於孝之一字　移孝而爲悌爲忠
固其理也　此盖由於辛氏家門之根基深厚而錫類不匱者　視往古而推
來今　辛氏餘慶之長發而無窮也　可以執契而竢矣

甲戌一九九四年　維夏

## 樂山樂水堂記

凝之水　來自東北二川　北川　發源于慶州淸道之界　西南流八十里
至邑治東　緣平郊繞疊嶂而成一灣焉　灣之曲　有一峯蔚然深秀曰落
霞山　山下　闢一洞天曰佳谷　余友朴登茁春卿　世居焉　朴爲凝之大
族　松隱先生　寔其顯祖　松隱之後　有翠松堂諱宗閔　當壬辰亂　倡義
禦賊　其母閔氏　遇賊自投崖下死　自朝家㫌其閭　至今有閣　屹立於
洞口　過者必式　春卿之十三代祖妣也　春卿早歲從事於產業　汩沒風
塵　而自以父祖遺訓　日用常行　恪守儒家軌範　士林集會及俎豆之所
不計遠近閒忙而往參焉　鄉黨知舊　無不以爲難　歲乙亥春　就佳谷舊
居　拓而廣之　建巍巍一宇　役垂訖　對余言曰吾王考　號山水亭　吾以
慕先之意　將揭山水以爲扁　余曰子之意甚善　但山水二字　似乎平泛
無已則用孔夫子言　謂之樂山樂水何如　春卿肯之　舍凡五間　其爲制
西二間及東一間　爲煖室　中二間　爲堂　既以樂山樂水四字　扁其堂
乃名其西二間曰懷永齋　取『詩經』惟懷永圖之義也　東一間曰悅話室
取淵明親戚情話之句也　因而名其大門曰仁智門　使入此門者　知樂
山樂水之有自來也　春卿　既請李家源淵民氏　撰樑頌　又要余作記文

余竊惟凝州　素以山水鳴於嶠南　往昔名賢聞人之樓臺亭榭　相望於境內　而其子孫　轉徙都市　一任其荒廢者　居多　乃今春卿　就舊刱新恢張先謨　此豈人人之所可能也　且北川一帶　如柳渚經巖臺等遺蹟皆爲朴氏祖先杖屨之所　春卿之於樂山樂水　豈特以山水自然之美之可樂也　實有所不忘其本者　在其中矣　是爲記

丙子一九九六年　仲春之月上瀚


## 道華齋記

密陽治東三十里　有道谷洞　洞之主山曰道德嶺　來自淸道雲門山至是而盤薄秀麗　延其餘勢　逶迤作別一區　泉甘樹密　宜乎士人之佳遯　往在元陵之世　朴之順天氏　自達成㳛洞　移卜於斯　世奠厥居焉順天氏入密之祖　曰道華公　諱光澤　以醉琴軒先生之後　課忠責孝襲祖烈而垂家則　自玆以降　子姓振振　出入鄕社　余所善炳圭甫　道華公六世孫也　爲人愷悌　篤倫紀而尙文艷　間嘗詣余言曰　昔吾先考欲爲道華公　建一宇　以寓慕仰之誠　兼爲吾一族燕喜之所　而世局擾攘　竟齎志以歿　吾不肖　當體先意而肯構　而奔走風埃　虛度一生　卒卒未果　迺吾兒鍾默　以自力　辦得基址　與胄孫鍾穆　謀於諸父兄長者　經始有年　顧鍾穆　病未能相役　三從叔魯俊氏　始終監董　以底于棟宇之完成焉　其爲制也　凡四架　左右各爲室合三間　中爲堂一間不侈不陋　於是　大揭道華齋三字於楣頭　一門老少　齊會以落之　齋之西　別構屋三間　爲吾王考　署其前面曰仁愛堂　又爲吾先考　署其南側曰耕雲寮　所以示吾先世承前啓後猷謨之無替　而俾後生輩　一入此境　由今溯古　自然誘發其追遠報本之心也　言罷　出詩二篇志其所感者　以示余　且求余爲齋記　余辭不獲已　復之曰嶺南士族之家

自古以樓臺亭榭相尙　至于今此風不息　而吾州　似尤盛焉　觀於所謂
密陽樓亭錄者　可知已　然聞子之言　子之所爲　可認其非出於一時觀
美之計　寔由乎誠孝之衷之鬱結而發於外而有不能自已焉者　疇能遏
之哉　願子無以此自足　益思所以承休趾美　以享夫不匱錫類之福於
無窮焉　玆書所與語者　爲之記云

庚午一九九〇年　仲春之月下澣


## 華南齋記

　　環密陽　皆山　而華岳　聳于北　最壯而秀　爲一邑鎭山　環華岳而爲
坊里者　數十　而古法　在西南之隅　最奧而曠　宜隱者之所盤旋也　古
法　一名明坊　舊屬淸道　今爲密陽地　而距郡治三十里而遠　在昔肅
宗時　有密城朴公諱尙彬　自淸道板谷　始來相土　居於斯葬於斯　子
孫　世守籬垣者　二百有餘載矣　其七代孫正杓　以公入鄕之祖　特置
位田數頃　擬建一宇　爲寓慕齊宿之所　而竟齎志而歿　長子志碩　體
先意而經始有年　次子志厚志坤志根志龍　殫誠相助　傾財累萬　女婿
李逸雨金鍾甲　亦相感以應　樂爲之措劃　命工鳩材　極力營構　遂以
某年某月落之　齋凡五架　堂室俱備　溫凉均適　扁之曰華南　盖因其
位置而名之也　辛未初春　志碩甫介傍親昌圭翁　以其家傳小錄　示佑
成而曰　吾祖　爲靖國君諱葳十世孫　吏曹參判諱耆九世孫　襲先徽而
貽後謨　應有文字以傳信於來後者也　而今竟無徵　然以吾輩所聞於
父兄　吾祖　少嘗勤於學　事親至孝　戒子孫以正心修身　吾輩之有今
日　莫非吾祖隱德攸曁也　因請佑成以齋記　佑成　拙於文者　辭之固
而其請益勤　且出吾友李家源淵民子所撰樑頌　以風之　念淵民子生
長禮安　遠在漢上　而猶爲此　余以同郡人　往返京鄕　而終始昧昧似

不近乎人情也　玆書所與聞者　以塞其請　吾固知密城之朴　爲通國著
姓　而明坊氏之醇謹篤厚　庶可卜異日之昌大也　則其所施爲　豈特華
南一區而已哉　是爲記

辛未一九九一年　淸明節


## 四葛齋記

　　咸安　爲吾南文獻之鄕　古家名族　競以門戶相尙　而李之載寧氏
居其一焉　載寧氏之上祖曰茅隱先生　諱午　以高麗進士　値國末　歸
隱于州之茅谷　因以爲號　世稱其居爲墻內洞　盖以不與外人相追從
也　而其高風雅操之傳承而爲哲孫賢仍者　譜不絶書　中世　有諱倚望
號四葛齋　生而不幸値賊變　祖若父　同時遇害　祖母若母夫人　忍痛
延命　以公在也　辛勤鞠養　俾底公于成人　及公有室　祖母若母夫人
竝皆自盡　以從於地下　嗚乎烈矣　公以兩世子遺　克敏克勤　以扶回
家運不墜先徽　爲已任　長益刻苦　文學行誼　蔚然爲鄕黨所推重　而
平生　不參宴席　不聽歌樂　不衣紬錦　以至痛之在心也　及其壽躋大
耊　授嘉善同樞唧　追榮三世　膝下　有六男　孫曾振振　可謂天道之不
舛矣　人皆稱頌其苦節淸德之有報　而公則等萬事於浮雲　悠然更與
物而無競焉　所居　在墻內洞西數十步許　名曰葛田　有泉出焉　謂之
葛泉　公臨澗而築齋　藏修硏學於斯　扁曰四葛齋　以其耕葛田而飮葛
泉　着葛衣以逍遙　自擬以葛天氏之民也　其詩　有草廬容我一閒身
開眼乾坤物物春等句　晚年自得之樂　槪可想已　公逝而齋廢　二百有
餘年　只有遺墟碑　昌寧成公純永文也　庚辰秋　九世孫在德　以先意
就其址　重建齋舍　極其輪奐　介其族大父秉東翁　請佑成記其事　佑
成　昔嘗讀成公文　而誦公名而慕公德者　久矣　玆不敢辭　謹撮其家

錄而記之如右　成公所謂茅翁華裔惟公繼作者　可見其不誣　而載寧
氏之風猷懿範　盆有光於咸州之文獻也哉

辛巳二○○一年　雨水節


## 來復齋重建記

李之陽城氏　自淸道　入密陽　奠其居于山外面金谷里者　垂二百餘年
始也　覊寒零替　且以新接　與州中人士　往來頗踈　及今戶至數十　而
俱稍饒潤　有榮洙相九二氏　倡率一家　移奉先墓　買里塾而葺修之　延
攬耆艾　出入校宮　克有以扶樹門戶　榮洙公之第三子曰相兆　雋才達
識　被選爲密陽市長　莅任八載　治績蔚然　余寓京師　間作鄕行　輒見
道路街巷　比舊擴張　面目日新　詢之於所識　則皆曰此李市長功勞之一
端也　一日暮夜　李市長　與其族人珪玉氏　訪余于退里舊第　備述其家
世故事及自己經歷　因請於余　曰　我一門之齋室　有所謂來復齋　護石
許先生涉　名而記之者也　近來　一族合謀　撤去舊屋　就其址　新築而
增大之　正堂四間　扁以來復　其西　別構三間曰朋來室　南爲正門三間
曰利往門　皆仍舊名而爲之　而棟宇之輪奐　有非昔日之比也　願吾丈之
惠我以重建記　侈吾堂顏也　余念堂齋之名義　許公之文　盡之矣　無庸
爲贅　獨嘗考閱州誌　陽城氏之先　有諱伯嘗　在世宗朝　爲密陽府使
以善治聞　守山之德民亭　寔其證也　亭雖廢久　而其德民之澤　有不可
忘者　其後　繼有李縶李英兩公　來莅吾州　以續先徽　乃今市長　又得
治聲　古之府使　卽今之市長也　則陽城氏之德於吾民　其來遠矣　不亦
懿哉　許公之文　謂金谷山水之淸淑　有足以鍾産人傑而久未有當者
將於李氏乎而發之爾　吾知陽城氏之來日　必將洋洋乎吉祥之流衍　而
人材之發闡　不特府使市長而已也　是爲記　　　癸未二○○三年　春分節

# 挹春堂記

驪興之閔　入密陽五百載間　子孫蕃衍　自作一村者　曰巴西　曰東
山　皆以簪組詩禮　世其家　爲南州望族焉　余友閔丙五子常　其先　自
東山分派　而居于馬山里　累世孤子　至子常之先公　始克有四子　而
子常　序居第三焉　子常爲人　深沈純實　自釜山大學校畢業後　卽投
身于實業　與其夫人金氏　綢繆拮据　備盡勤苦　積數十年　克有所成
就　今其所葆有　在大邱纖維業界　爲屈指之業體　竝且領有傘下業體
十餘個社　被任爲大邱纖維産業協會長　旣又自忠南大學校　授以名
譽工學博士之學位　又以有功於法務部敎化行政　政府　與以國民勳
章冬柏章　其亦榮矣　此固由於子常之力量　而其資於內助　不可誣也
方且致力于仰事俯育之地　而兩親及兩兄　棄世　夫人金氏　亦不幸中
途而奄忽長逝矣　子常悲恨弸中者　日久　乃將其商社經營之務　委之
於長子　就故里　相其地　建巍巍一宇　爲晩年往來居息之所　以寓慨
廓踽涼之思　且以少敍其叩盆之餘痛　因從余請名其堂室而記之　余
與子常交　殆四紀矣　不可以老拙辭焉　乃名其正堂曰挹春堂　欲其於
天地閉塞雪霜紛飛之中　首先扶回一線之陽　以來其萬化方暢之運也
堂之西曰永懷齋　欲其常時追慕父兄　以補其未盡之孝友也　東曰思
賢齋　欲其一生不忘家貧思賢妻之義也　余於子常　非阿其所好者　然
揆以子常之過去　足有以知其未來之猷爲　必有不負於余之所期望者
也　則吾之此文　亦應與夫夫之云云者　有異也　審矣　子常　其勿河漢
我也哉

辛巳二〇〇一年　雨水節

# 只有山房記

衆鳥高飛盡　孤雲獨去閒　相看兩不厭　只有敬亭山　此唐靑蓮居士李太白詩而余友林下崔子珍源甫之所取義以顏其居者也　林下子　家迎日而祖文昌侯　卽其素所承襲乎詞腦野之風猷　已有不可誣者　而志學以來　其所專業而肆力　又在於中世之江湖歌道　其於國故鄕傳盖已衰然乎一家矣　自余備員于泮學　與林下子　連壁爲室　觀其爲人溫而介　不至於絕俗　而亦不苟與人合　劬書之暇　所好　惟碁與釣　每經其戶　閴若無人　而時聞落子聲　間則携一竿　獨往陂澤　經數夜不返　盖其自樂其樂　宜若無待乎外者矣　顧獨取敬亭山一句　謂吾與山相看而兩不厭　至以此自標　度其意　似乎以爲若無彼山　則鳥飛雲去之後　此身之孤絕冷落　將無以自遣者也　然兩相不厭云者　本是太白自慰之辭耳　太白雖不厭山　果可保山之亦能知愛太白而終始無厭也耶　靖節先生詩曰　採菊東籬下　悠然見南山　又曰此間有眞意　欲辨已忘言　其於南山　悠然而見之而已　初無有意於愛厭之別　故欲辨其眞意而已不自覺其忘言矣　林下子　嘗求余記其山房　　余以此復之欲其由太白而學靖節　以相看不厭之趣　進入於悠然忘言之境也　林下子　於江湖歌道　好談自然　又好談餘白　然苟能置其身於悠然忘言之境則吾與山　同歸於渾融　不自覺其身之與自然合而爲一矣　又何啻餘白之可尙也哉　然則林下子之江湖歌道不僅止於一歌道　抑亦可以幾於至人之道矣　是爲記

乙酉一九六五年 端陽節

## 棲巖記

　　成均同僚朴相允博士　專攻乎天演學　今秋　長敎務處　對余言曰
吾將爲校務所絆　不獲專意硏鑽矣　子可無一言以激勵我耶　因書示
棲巖二字曰　鄭友炳昱　號我以此　子無惜爲我敷衍其意　以侈吾楣也
余問其意何居　則曰吾以動物爲學　動物　必有棲息之處　故有取乎棲
也　余惟動物之棲息　或於水　或於草木　何特取巖石爲　蓋人固動物
而與動物有間者　以其有心神　余見世之人　雖其身體　棲息有所　而
其心神　無歇泊之地者　比比皆是　吁亦勞且苦矣　昔有人　勸朱子以
棲心淡泊　朱子不以爲然　余謂淡泊　不如寧靜　吾人　在今日擧世波
盪之中　欲求寧靜　莫如就永遠不變之世界而棲其心也　今博士之欲
棲者　不於水　不於草木　而惟巖石是擇焉者　無亦以其爲永遠不變之
物也耶　人之生也　久矣　莫不以勞苦而促其壽　世事之擾攘萬端　其
變其化　朝不保夕　故自彼仁王山之老巖石　觀之　漢陽五百年事　不
過一瞬間耳　余故爲博士　勉而進之者　雖其身　日處乎簿書叢裏　而
其心　棲在巖石　不撓不動　而以不變　應萬變　是不獨長於壽　乃幾於
道矣

甲寅一九七四年　流火之節


## 遊碧水洞記

　　華山之南　有碧水洞　間於深峽　幽而夐　水發源於山中　六七曲　乃
至于此　爲峽所束　不能大其勢　亦不盪擊而囓其岸　岸有田數畝　可
以種稻　然　地窄不容人居　時有樵者至　余愛其林壑有佳致　遇有暇
日　輒往探焉　方其自吾里越峻嶺而將下　當面諸巒　皆峭險不可攀

嶺與巒之間　爲長谷　鬱乎其茂者　松林也　舉頭望谷之上流　靑白繚
疊　有四五茅茨　露其一半　隱約於雲際　平田村也　取一條路　盤回下
山之陰　覺襟裾蕭爽　耳孔忽開　風聲鳥聲之外　別有淸泠喧聒之聲
自洞裏瀉出於千蒼萬翠之底　竦然而聽之　水也　信步而前　忽見素練
掛壁　飛沫散落　瀑布也　巨石臨其上　若臥龍之擡其首　其傍或秀削
或層累　或平鋪者　莫非太古之巖石也　坐洞天　得廖廓開曠之趣　隔
烟火僅一重　而宛有脫俗之思　循流而往　峽益邃　谷益迴　水益駛　石
益縱橫　爲渠爲泓　爲瀨爲渴　爲渚爲嶼　爲回淵　爲激湍　爲盤渦　爲
嵌竇者　不可勝擧　而獨其上下　滙而爲小潭者凡三　最宜浴泳　宜遊
宴　其山叢生者　皆躑躅杜鵑　花時爛漫如海　雜樹之夾溪而繁者　間
之以桃柟合歡之屬　亦有異草香馥馥觸鼻　自此又幾弓許　有石窟在
左麓　呀然張其口　窺之正黑　持燭入數十武不盡　上鑿下穿　如坎如
穴　圓懸者如茄房　暗滴者如鍾乳　寒氣逼人　羽鼠群飛撲撲　疑有怪
鬼靈物　嘯息於其內　驚神竦肩　雖膽大者莫能窮之云　歲之仲夏　余
與諸人者入洞　止於第二潭　令村夫　安鍋造飯　傾斗酒以飲　飲旣畢
以歌以抃　以談以笑　各取其意之所適　歡如也　顧吾之所適於意者
不在歌抃　不在談笑　而在於山水　吾之求山水者　非徒爲景物役　實
欲攬山水之奇　以爲文辭之助　則吾之所適於意者　又不在山水　而在
於文辭也　於是　略述林壑之勝　余所嘗搜歷者　爲之文　以自觀焉

壬午一九四二年　五月

銘

## 而明堂銘

吾友李兌爕明見甫　訪余于北漢山下　袖出其先公墓銘及數種文字
示余而曰　昔我先君　自三嘉吾道里　徙居于晦嶺下將臺村　自號曰晦
川　而顏其堂曰而明　盖取易明夷用晦而明之義也　先君歿後數十年
不肖　將撤還于咸安故里　乃移建屋宇于墻內　扁之曰晦川精舍　而堂
名　仍其舊焉　不肖　嘗謁文於心山金昌淑先生矣　心翁許焉而竟未就
而卒　其後　許丈洞　作精舍記　而堂則未也　或銘或記　惟子之意　顧
佑成　陸碌風埃　未及從容陪遊於長德之座　而曾從江右諸君子　習聞
公淸操雅望　又與其胤子交而莫逆　今於是託　其烏可已　乃爲之銘曰

昔公少日　漢社周屋　豺虎橫行　士被僇辱　大易有言　君子可忘　明
入地中　動輒有傷　公就晦嶺　復守艱貞　外示柔順　內蓄文明　賊虜
亡遁　祖域回春　用晦而明　宜及此辰　斯義未闡　世哇方張　公遽歸
天　風儀杳茫　繼述有善　肯構肯堂　高麗舊洞　紫薇有香　一束遺文
藹然眞衷　蘊而不宣　垂蔭無窮

丁丑一九九七年　仲春之月

## 杖銘

石如成大慶博士　自熱河歸　惠贈我九節杖　戲取古典中幾句語　爲杖銘

用之則行　舍之則藏　惟我與爾
危而不扶　顚而不相　將焉用彼

丁丑一九九七年　八月

雜
文

## 硯對

余取簡便 有所述作 每用鋼尖藍汁所謂萬年筆者書之 不近硯墨 頗久 故有
此作


玉潔子* 晝坐亦樂之堂* 觀書之暇 悄斂兩眉 憫宿業之不振 惜
芳歲之易馳 無與晤言 以洩其思 時惟石虛中先生* 在座隅 然 平
居闇黙 不共酬酢 雖日與處 未免索莫 適於複壁 得唐人帖 喜其字
畫 有神有法 遂叩先生 欲試揮灑 次第羅列 衰墨蜀紙 俄而 先生
上席 面蒙塵埃 口絶津液 狀貌不清 大異疇昔 惕然有間 問其所以
忽悟於心 如聞於耳 曰是子之致也 子好新奇 我忽我疎 宜反諸己
奚問於余 白雪之飯 飽汝三時 紈絹之衣 暖汝四肢 異器珍品 爲汝
所寶 是焉足貴 盆遠於道 忽我疎我 我固無傷 我守我玄 人莫我攘
天地精華 收藏在中 不爲人用 壽可無窮 辭未畢 小子 叩頭聽命
願卒其說 天來之語 覼縷不絶 曰子之資稟 本不庸下 就學太早 受
讀亦過 風騷典誥 易象禮文 凡其奧義 未曾有聞 涉獵以速 如馬嚙
草 只冀高抉 不務深造 子煩思慮 神疲不止 或醉空想 或鑿事理
子嗜吟詠 搜幽耽佳 目之所寓 輒動于懷 吟詠妨工 思慮損趣 此而
不改 豈不自誤 今世何世 大局將變 地軸搖動 天柱旋轉 歐風亞雨
盪滌八方 強暴者折 起廢興亡 惟茲倍達 有運斯回 當此之時 尤要
人材 孰扶其倫 孰振其綱 以子之才 亦宜立揚 胡不自省 委靡至此
奮勵一新 自今伊始 於是 小子起身百拜 向前致辭 曰余過矣 余過
矣 藥石之言 敢不銘佩 顧余藐視先生 禮遇未洽 固宜得罪於長者
然先生平日 一向沈黙 不與我言 余因此有以激其心而發其言 受其
呵叱而賴其扶策 則豈非幸歟 因倩毛君 錄所聞於先生者 以爲壁上
之箴 謹就先生三浴而三熏之 奉安于齋之西龕
* 兒時 有長老 見余讀書 嗟嘆不已 有氷淸玉潔之語 自此同接諸生 輒呼我

以玉潔子

* 西皐精舍之廳事  曰亦樂堂

* 指石硯

壬午一九四二年  仲春


## 龜辨

小沼  南爲渦  北爲泓  有石隆起於其間而菖蒲被之  靑靑然也  二龜居焉  冬蟄春出  盖已數十年於其中矣  余以其靈物也  讀書之暇輒愛玩  然  實不知其所以爲靈者  何在也  客有言者曰此非龜也  東海之濱  多有之  不足重也  龜若如斯乎已  則惡得爲四靈之一  余不能答  徐以思  乃得其說  夫其所以爲靈者  在於內乎  在於外乎  抑凡爲龜者  本無差別而一如其靈矣乎  天地之間  最靈者人也  而人之中乃有賢不肖之殊焉  賢而後  不媿爲靈  不肖者  失其所以爲靈者也  然  曰賢曰不肖者  以其內而不以其外  以其內之有失爲靈也  並其外而不謂之人焉  可乎  要之賢不肖均爲人也  特於其中而有不同者存爾  鄭之愚夫  聞魯有孔子者爲聖人  思一觀焉  及往而求之  乃其貌同於人也  退而哂曰魯所謂聖人者  擧世皆是  顧何以爲聖人  行路莫不笑之  度愚夫之意  盖以聖人與常人異類也  以擧世之同也  遽視孔子爲常人  此所以爲愚夫也  若夫以海濱之多有而遽以是爲非龜  且不以爲靈  則其去愚夫也  不能以尺寸耳  得無爲行路笑乎  是固龜也  彼在海濱者  亦未始非龜也  然  彼不能擇其居  雜于魚塩  曳于泥沙捕食螺蛤以爲甘  被人所賤待而不羞  盖亦失其所以爲靈者也  豈可與是龜之淡泊而無欲  潔淨而無累者  同日語哉  且龜之素稱爲靈者  爲其可以問占也  於是有刳腸之患焉  此以其靈而賈禍者也  是龜也

閣乎無文　默乎無言　優遊以自適　以延其壽　以樂其生　而卒以免夫
刳腸之患焉　於戲　誰知其闇默自處似乎不靈　而其所以爲靈者　乃在
乎此爾耶　傳有之　大辯若訥　至巧若拙　龜之謂也　龜乎　吾始知汝矣

癸未一九四三年　季夏


## 鳴蜩說

　　詩曰五月鳴蜩　月令曰仲夏之月　蟬始鳴　又曰季夏之月　寒蟬鳴
盖蜩者　始鳴之蟬也　非有異於蟬也　蟬凉物也　得金氣而生　方仲夏
之朱陽初熾　不敢鳴焉　以畏火也　諸尙蠢蠢於土中　而惟蜩也　脫其
舊殼　上樹而鳴之　遂使其類　繼而起　不多日而淸歌妙響遍滿於山林
矣　然余聞蜩之聲也　戞戞乎其難　而未幾　旋又就盡　所謂淸歌妙響
者　皆屬寒蟬　豈時之尙早故耶　豈亦以其身　首先倡其類　而不悔其
身之夭關者耶　世之志士　將欲有所爲　輒曰待時　而不肯以其身　首
先倡其類者　顧戀夫其身而有所不敢也　噫　以志士自命　而顧戀夫其
身者　吾知其必無成就也　吾間讀日本近代史　深服乎吉田松陰之爲
人也　彼早從師學　講孔子之道　及其國家有城下之盟　引春秋之義
相與激憤　上書論事不報　又欲航于海　周觀外邦形勢　卒以觸時忌就
刑而死　盖其時黃人之族　尙在昏醉　而日本之病於幕府　亦已久矣
彼乃超出於蠢蠢之中　獨一鳴之　以時之尙早　故竟不免夭關　然彼其
爲言　曰上志於道而惕於刑禍　不能盡其言以苟容爲事者　豈君子儒
乎　壯矣哉其人也　自其一鳴之後　人心蜂湧　西鄕木戶大久保之徒
以新進之傑　同成維新之功　至今赫赫有聲於天下　推其功之首　未嘗
不以吉田松陰　繼而起者不難　而倡之者爲難也　悲夫　當其世　獨無
一吉田松陰　以至於亡國者幾何　吾有感乎鳴蜩　而又不覺一掬熱淚

向秋風而灑之也

癸未一九四三年　季夏

## 敬書金河西先生贈先祖生員公詩後

河西詩　題曰「李希殷光輅　將向嶺南　爲詩以別」

希殷性蕭散　氣格出風塵　筆翰追鍾王　瘦勁通靈神
鄙夫忝一榜　相從曾累辰　論文與吟詩　對面情日親
又聞同丙子　月日後於巡　呼之弟與兄　結契尤殊倫
寒燈幾共剪　偶坐忘昏晨　靑尊有相就　皓月同岸巾
喧譁雜俚語　戲劇任天眞　悠悠嶺路脩　忽爾南北人
天長滅征鳥　海濶無歸鱗　沈愁共此夕　音問何由頻


　先祖生員公　諱光輅　字希殷　與弟承宣公今是堂諱光軫　天倫相得
旣中進士　又擢文科而未放榜而卒　其在上庠也　以文筆擅名　諸上舍
爭推以爲莫及　河西金先生麟厚　結契尤深　呼以弟兄　及公之南歸也
河西以五言長詩爲別　右詩　卽今載在河西集者也　壬辰之亂　我家文
籍　灰燼　公之事蹟　尤泯沒無傳　玆以河西詩刻揭于春雨亭壁上　俾
後人知吾先祖蕭散出塵之風格　瘦勁通神之筆法　與夫名賢碩儒相與
之契誼　庶可以少伸吾子孫追慕之情云爾

庚辰二○○年　孟春

## 敬書林熒澤光甫所藏眉叟先生親筆梅月堂傳後

此眉叟先生手書其所作梅月堂傳者也　本爲李相栢博士所藏　博士
歿後　門人子弟　整頓其遺品　安友秉直與其役　因得此幅而歸　要余
置一言于其尾　世傳眉翁自譽其筆畫於老榦枯枝　觀於此幅　信然　俗
士之徒知眉篆而不知行艸之尤爲可珍者　當於此有得也

乙卯一九七五年　重九之日　李佑成吉甫　識

林君光甫熒澤　從安友得此幅　要余更識數語　林君　研究鰲話　篤
好悅卿　而眉翁　又林氏之所自出也　此幅之歸于林君　固其所矣　而
安友之以朋友爲性命　快擲其珍玩者　亦爲可尙云

辛酉一九八一年　元月下澣　栖碧外史　又識


## 江石號說

余晚交得朴友錫武　其爲人　豪縱倔强　不愧其名　旣與余情深而誼
重　乃爲表其德曰文仲　蓋以武與文兼全然後　可以爲國　且可以爲完
人也　況其生長儒素蘊畜經史　雖投身於政界　汨沒風埃　而其擧止
未嘗有違於法度　言語發輒有文字香　豈可以武局之哉　文仲　嘗自號
江石　要余爲之說者久矣　今復申其囑　窃思石之在江者　日爲流水所
洗　似乎淸矣　顧今世道大變　惟物是崇　商鶩工張　全國山川　擧受其
椎鑿　而汚染日甚　至使朽木破鐵腐敗之物　堆積於江中　江水之黃濁
至于今日而極矣　則江中之石　其亦不能獨淸也　可知已　乃吾文仲
奚取乎此　憶余昔遊漢江上流　溯至華陰九曲　時　大雨之後　漲落而
流歇　並與土砂而撤去　見有石自溪底聳出　其身皎如也　余奇之　卽

吟一絶曰　雨過江漲落　溪底出奇石　幾載混泥沙　全身尙白白　意者
文仲之取江石　無亦以此自况也歟　余以是　言於文仲　文仲曰否　石
出於漲落之後　而保其白　固可貴也　然　此徒潔其身而已　則非吾所
尙也　余因誦退陶先生盤陁石詩曰　黃濁滔滔便隱形　安流帖帖始分
明　可憐如許奔衝裏　千古盤陁不轉傾　夫隱形於黃濁而分明乎安流
所値適然耳　非石之自意也　迺玆石也　當洪波激浪之來　直冒奔衝之
勢　閱千古而無有轉傾　是卽杜甫所謂江流石不轉也　而進而可以爲
砥柱者也　向者　文仲　値獨夫爲政　擲敎鞭而奮起　赴民衆運動　委其
身於生死毀譽之衝而無所顧戀　不少退避　抑何壯也　余今老矣　無所
猷爲　惟文仲　益勵其操　益鍊其智　而努力前進　無徒爲漲後之石　而
毅然爲捍禦奔衝之砥柱　是所自期也　亦諸友之望也

己卯一九九九年　孟冬之月

祭文

## 祭退溪李先生文 退溪先生誕生五百周年紀念行祀時 代陶山院儒作

於乎 天降先生 百歲宗師 學貫今古 德侔神祇 俾我震邦 涵育禮
儀 漸彼異域 用夏變夷 炳矣人文 東魯是彰 環海生靈 仰如三光
今玆辛巳 有別意義 先生之生 周五百歲 祥雲瑞日 掩映八區 高山
景行 萬人同趨 東西學子 慕德撰述 幾千百種 菀乎學術 吉日薦誠
庶羞淸酌 幷此論著 仰陳床卓 有美杜氏 名論卓說 允合褒賞 酬其
誠熱 濟濟多士 雲集星屯 一體致敬 整肅心魂 尊靈不昧 陟降洋洋
鑑此愚衷 庶歆一觴 玆具式語 用伸虔告 敢告

辛巳二〇〇一年 十月


## 祭茶山丁若鏞先生墓文 『牧民心書譯註』六冊完刊後 奉告

維歲次丙寅三月三十日癸酉 茶山研究會代表 李佑成 敢昭告于
茶山丁美庸先生之墓 伏以生等 夙慕風猷 結社研學 於焉十秋
一部牧書 地負海涵 迺譯迺註 眞意是探 才疎識蔑 未窺堂室 是非
錯綜 莫衷乎一 矧遭末世 戊亥之會 或繫囹圄 或竄海外 中途束閣
歲月遷延 賴天有靈 重鏊舊編 今玆丙寅 竟得畢業 適値歿年 周
百五十 謹具脯核 合祭封塋 新刊六冊 幷此奉呈 創批之社 發揚新
風 殫誠協力 以至有終 尊靈不昧 陟降洋洋 鑑此微衷 庶歆一觴

丙寅 一九八六年 三月

## 祭中窩許參奉公文 代家大人作

嗚乎　公我兩家　三世葭莩　豈直姻誼　于中有孚　顯允先公　吾父交
託　園林相望　風猷已邈　溯古返今　情好世篤　公宅東峽　丕敬先謨
余在北里　膠守故株　異族爲政　末梢尤酷　密網如織　無微不觸　文字
之故　禍亂斯共　公毅不屈　余恃無恐　世局轉換　患更膚迫　祖域未淸
田案先廓　旣不利農　又將餓士　非井非限　此制何自　余拙謀生　遷就
不歇　公猶守舊　規模密勿　大嶺以南　長江之左　公獨巋然　頹波支廈
兹道曷由　由學以濟　公學云何　曰詩曰禮　詩和以言　禮堅以立　和不
同流　堅不已執　是豈學能　得之厥始　蓋公之生　天賦孔美　質粹氣完
胸抱坦爽　過庭有聞　益篤趨向　法家條理　儒門典型　風雨長夜　耿乎
孤燈　謂天慭遺　惠玆縫掖　歲非辰巳　賢人遽厄　在公何憾　七旬遐祺
人代蕭條　後死者悲　篋墨未化　座香尙暖　宿草在墓　我哭何晚　瞻彼
珠山　先公菟裘　蕙帷寂寞　猿啼鶴愁　冥冥有存　奉侍如昔　神馬尻輪
于斯降陟　一盃爲酹　約奠菲辭　靈兮歸來　尙其饗之

癸巳一九五三年 五月


## 祭心山金昌淑先生墓文

維歲次丙寅五月九日癸丑　心山思想硏究會　會員一同　謹具脯果
再拜奉告于 我
心山金先生之墓曰　嗚乎　先生遊岱　十有四春　邦國不運　萬丈烟
塵　匹夫逞威　奈此儔人　學徒捲堂　叫號三民　衆目所注　先此成均
念玆後生　素乏經綸　有懷莫宣　苦海迷津　尊靈在天　俯鑑八垠　陟降
洋洋　神馬尻輪　牖我愚蒙　策我蹇迍　俾我祖域　革舊就新　有山嶷嶷

有水粼粼　欽仰　高風　歲歲精禋　尙饗

丙寅一九八六年　五月

## 又

維歲次丁卯五月九日戊午　心山思想研究會代表　李佑成　敢昭告于
心山金昌淑先生之墓　嗚乎　世運戊亥　朝暮滄桑　半壁河山　百鬼
飛翔　先生之逝　卄有星霜　山頹樑折　潮海莽蒼　風猷儀表　去益難
忘　惟玆結社　首善之場　蒙被遺澤　同事闡揚　每歲施賞　懿德是章
有美白君*　風義可尙　丹山瑞鳳　鳴于朝陽　昨日之會　頌聲滿堂　彼
獨夫兮　充耳面墻　漫漫暗黑　長夜未央　鐘鳴漏盡　轉機回光　先生
有靈　陟降洋洋　鑑此愚衷　庶歆一觴　尙饗
*白君　白樂晴教授

丁卯一九八七年　五月

## 又

維歲次戊辰五月八日癸亥　心山思想研究會一同　謹具脯果　再拜
敬祭于
心山金昌淑先生之墓曰　嗚乎　先生之逝　卄有六年　半壁河山　變
化萬千　赫赫聲威　一夫是專　學園工廠　彈雨硝煙　勞學幷起　人衆勝
天　奈此邦運　去益迍邅　以暴易暴　莫較後先　民主二字　只作口禪
先生有靈　俯視瀛壖　憐我儔胞　庶賜斡旋　猗玆姜君*　學篤志堅　民
動貪生　有著連篇　深得遺意　似有夙緣　是庸褒賞　啓後承前　謹就壂

下 略設豆籩 濟濟群彦 合辭告虔 先生有訓 敢不勉旃 尙饗
＊姜君 姜萬吉敎授

戊辰一九八八年 五月


又


維歲次庚午五月七日壬申 心山思想研究會一同 敢昭告于
心山金昌淑先生之墓曰 嗚乎 歲月遄駛 諱日復臨 世局昏迷 慕
仰彌深 幸賴諸彦 積歲經營 巍巍遺像 海朗天晴 兩處屹立 萬人嗟
咨 龍飛鳳舞 絶世風儀 今兹之賞 歸于女李＊ 有才有學 驪州之氏
師任蘭雪 可趾其美 乃奮其袂 實踐義理 志同屛卓 救國赴矢 又同
羅蘭 爲自由死 身衝烟焰 筆瀉江河 二種之著 爛然其華 先生有鑒
應賜嘉獎 是用褒章 以正趨嚮 尊靈萬古 陟降洋洋 俯照愚衷 庶歆
是觴 尙饗
＊女李 李效再女史

庚午一九九○ 五月


又


維歲次壬申 五月三十日丙午 心山思想研究會一同 敢昭告于
心山金昌淑先生之墓曰 嗚乎 歲序遷易 又經諱辰 省掃封塋 追
慕莫臻 龍蛇倭亂 四百回春 庚戌國恥 痛憤日新 念昔先生 爲國投
身 踦蹶中外 誠感鬼神 嗟彼叛逆 仇讐與親 跡污疆土 毒流生民
舊惡不改 至今輪困 民族正氣 于何得伸 惟兹林君＊ 志篤行淳 挺

身操筆 衆邪俱陳 事巨力綿 中途夭窀 然其懿蹟 不可使湮 茲用褒
賞 遺志是遵 先生俯鑑 賜誨諄諄 尙饗
＊林君 林鍾國敎授

壬申一九九二年 五月

又


維歲次癸酉六月十一日癸亥 心山思想硏究會一同 謹具脯果 再
拜敬祭于
心山金昌淑先生之墓曰 嗚乎 先生一生 國耳忘家 蹋蹶屯邅 荊
棘蝎蛇 奄然歸天 世事奈何 獨裁方張 肆其爪牙 統一路遠 去益邪
魔 天運循環 無往不復 民氣昻騰 疇能抑束 赳赳武夫 縮首斂足
改革新政 天下屬目 只因勢趨 非由德服 進退善惡 混石淆玉 先
生有靈 實情是燭 黙啓方向 篤誘衷曲 惟茲歷問＊ 俊乂結集 淬礪
知性 破脫舊習 先生風義 載仰載襲 茲用褒賞 勸獎其業 俾我良史
確有樹立 謹就封塋 用伸虔告 伏惟先生 是鑑是導 尙饗
＊歷問 歷史問題硏究所

癸酉一九九三年 五月

又


維歲次甲戌五月二十七日癸丑 心山思想硏究會一同 謹具脯核之
奠 敬祭于
心山金昌淑先生之墓曰 嗚乎 先生歸天 卅載有餘 物換境遷 世

事何如 舊邦新命 萬民屬目 改革聲張 凶醜首縮 轉眼之頃 舊習斯

復 設施徒煩 成效不足 況今南北 益切危機 民族良識 疇與依歸

先生有靈 牖茲愚昏 檀祖子孫 和合同根 今年襃賞 歸于老金* 洛

東派守 一生一心 斷斷氣質 展也志士 大羆小羆 氣味相似

　先生俯鑑 應賜肯定 茲因奠獻 伏冀尊聽 尙饗

＊老金 金廷漢作家

甲戌一九九四年 五月


## 祭山康卞榮晚先生墓文


　維歲次壬午陽三月三十日丁酉　驪州李佑成　與實是學舍諸生　略

具脯核之奠 敬祭于 山康先生卞公之墓曰

　嗚乎　先生之文 一代宗匠 意每獨往 辭必己創 取材宏博 擇之

必精 抒意曲盡 持之必矜 氣之奇兮 可隘八州 思之玄兮 可入九幽

文至於斯 能事己畢 寔由人品 不世之出 如嶽之秀 如淵之沈 深衷

至性 感徹古今 剛比金鐵 溫侔珠玉 和不同流 介不絕俗 昔在庚寅

避禍南遷 藐茲小生 陪從踰年 篤被眷愛 弘受啓發 齒距三紀 情同

一室　公每致意 訪我鄉庄 余因親病 焦煎回徨 銀魚已過 汁榠未

備 荏苒過日 有意莫遂 聞公北歸 馳赴奉別 豈意此行 遽作永訣

歲月如流 於焉半百 顧此愚蒙 亦已垂白 時一追念 有淚潸然 茲引

諸生 奉讀遺編 譯以邦語 將欲上梓 公諸一世 以幸多士 略具數事

來祭塋域 伏惟尊靈 庶賜歆格 尙饗

壬午二〇〇二年 三月

## 祭內舅芝庵鄭公文

嗚乎 舅氏之棄斯世 居然再周歲矣 舅氏之沈淹於床第 積六七載
而小子未能一趨診焉 舅氏之喪而葬 而小子又未能一匍匐焉 及今
終祥奄屆 幷與象設而將撤 而小子始靡靡到此 僅得一哭於寢門 雖
以小子之蔑棄古道 自混於流俗者 天衷未泯 安得無少酸辛於腸肚
之間也 嗚乎 憶余之始拜舅氏也 年甫成童 而蒙騃無所識也 時世
變漸亟 道路多碍 獨與一老僕 北行二百里 至于外氏之庄 而壹不
知其跋涉之爲苦也 蓋余在孩提時 已稔聞外氏之仁厚爲風 而古家
黎獻 爲江右之最 私竊欽慕之 思欲一往觀其規模者爲久故也 至則
外曾祖母喪未踰年 而舅氏方以承重居憂 見余至 不問爲誰家子 便
引余至殯所 披帷而哭 哭甚哀 旣又向內堂 呼余乳名而曰 華淑來
矣 余竊自訝以爲舅氏初見余面 何以知其爲余 而因幷余乳名而識
之也 俄而外祖母 自內堂顛倒而至 執余手而大慟 余不自覺涕淚之
澘澘下 竊自念先妣之沒 距今爲三十餘年之久 而余又非其所自出
也 而外氏之於余 其情摯如此 於是有以知外氏仁厚之風之不爲誣
也 居數日 舅氏導余 歷拜門父老長者 因周覽寒岡臺檜淵堂 點檢
文穆先生之遺躅 然後復有以知吾外氏之黎獻 有所自來 不第江右
寔無愧爲通國之名閥也 自是以後 小子之就謁外第 凡再 一則舅氏
回甲之壽辰 一則外祖母小祥之日也 舅氏之過吾家凡再 蓬山浴行
之次 與密州訪弔姻戚之時也 竊伏覬舅氏平日顏貌豊盈 擧止凝重
望之 自然起敬 及全接語 辭令簡當情意藹然 及與吾老親相對 終
夜娓娓語不盡 小子輩環侍而聽之 輒不覺偏胸曲臆 爲深情至性之
所消融 自不禁善心之油然感發也 顧吾獨記舅氏最後之行次 因行
程迫促 未及駐駕于吾故里 只一宿于城內 時余寓居于城內 而吾老
親適返次故里 舅氏待吾老親之來 不能穩寢 天明遽發 與吾老親不

得相見　余因奉舅氏至龍頭驛　舅氏登車坐　黙黙無一語　凄黯之色
不忍仰視　余時亦無以爲心　貯立車場　至車發不見其後塵　然後始得
旋踵而歸　然竊自怪舅氏與吾老親　氣力尚康莊　後會有期　舅氏今行
何如是之傷懷也　嗚乎　舅氏之此行　於吾老親與小子　爲永訣之行
而小子始未之覺　及聞舅氏之患風痹　始惕然自傷　意舅氏前日之辭
色　大非吉兆　然亦不自料舅氏之竟以此而不起也　嗚乎　舅氏嘗以小
子知讀古書　期望甚殷　欲與引進　以備他日儒垣之一役　顧吾無狀
役役風埃　只喪故步　未能粗有成就（下佚）

辛酉一九八一年　月


## 祭再從祖父退修齋先生文

嗚呼　先生　遽爾棄斯世耶　先生　果爾棄斯世　則門戶將若之何　斯
文將若之何　先生　學足以包羅千古　洞覽宇宙　而思不出乎畎畝也　材
足以撑拄巨廈　扶持危局　而身終老於丘樊也　德行可以陶鎔一世　而
僅波及於閭巷也　文章可以黼黻三代　而只衣被乎草木也　先生之生於
世　六十有七年　而少也　值邦國之淪喪　鳥獸之交橫　則擲鯤鵬之圖
回騏驥之步　退修初服　蕙佩荷衣　翛然也　晚而遭天運之重回　民族之
更生　而異說之喧豗　風潮之盪潏　又不可以有爲也　則豐顔白髮　頹然
偃臥乎江湖　爲當世之少微星也　然而先生在　而內而後生小子　有所
畏而不敢肆　外而鄉黨有所取則　而不歸於貿昧　譬如大川喬嶽　雖不
見其運動　而功利之及於物　有不可以數計而周知者　逮夫世道日棘
耆舊凋零　則先生　獨以高齡重望　屹然爲東南之儀表焉　使皇天有靈
假先生以幾年　則出可以振作儒風　處可以扶護家運　以嘉惠於來後者
將無窮也　而斯文之不幸　門戶之無祿　而先生奄一去而莫追矣　嗚乎

先生與吾先子省軒公  以兄弟之親  兼師生之誼  先生  承省軒公之遺
意  撫育小子  責勵小子  將以其所受乎省軒公者  傳之于小子也  顧此
不肖無狀  未能粗有成就  而立脚不牢  秉志不堅  一跌於世路  杳滄海
之迷津  而茫昏衢之失所也  中夜以思  惘惘焉以自悲  而猶窃以爲先
生之餘日尙多  小子之前途尙遠  俟世事之稍定  昵侍軒屛  尋理舊工
以報答先生期望之意之萬一  而今也則已矣  今也則已矣  嗚乎  三隱
古洞  山紆水渟  雲霞映蔚  竹柏交靑  吉壟是卜  咫尺先亭  先生一歸
永閉玄扃  尊靈不昧  陟降于庭  一區花石  百世芳馨  嗚乎哀哉  尙饗

戊子一九四八年  九月


## 祭舍伯素丁公文

維歲次丁卯五月二十八日丁丑  卽我舍伯素丁公  棄世之一朞也
世道所迫  象設將撤  前一夕丙子  舍弟佑成  謹具脯核之奠  痛哭再
拜于靈筵之下曰  嗚呼  昔曾王考  晚卜名區  山林經濟  門戶猷謨  王
考繼述  守玆故株  文章道德  照映海隅  惟我家學  遠溯星湖  徵實求
是  貫有窮無  我家刊書  聳動全儒  開板之夕  兄實呱呱  名以星錫
千里之駒  早歲立志  馳騁長途  伯父棄世  遽挫雄圖  世運孔棘  行路
崎嶇  城市流寓  田園荒蕪  積善有福  天道不誣  有子有孫  龍馬鳳雛
旣賢且孝  日事怡愉  晚年孜孜  庶收桑榆  譯書等身  擧世所需  追求
虛實  咀嚼精廳  忽纏二豎  難贖百夫  知與不知  遠邇嗟呼  嗚乎痛哉
小弟無狀  觚而不觚  蒙被友愛  幸免下愚  門戶之責  賴有諸孤  奉承
遺訓  顚相危扶  今夕何夕  有酒盈壺  象設將撤  世道所驅  一奠永訣
五內如瘏  嗚乎哀哉  尙饗

丁卯一九八七年    月

告由文

## 晚翠李公慶州鄉校重建紀績碑　重豎告由文　代曾孫李源康作

伏以府君　曾尹東都　政成化行　百弊俱蘇　爰及校宮　起傾剔蕪　民
樂營作　士肅步趨　世遠國絶　社鼠城狐　文獻蕩殘　往事糢糊　世運重
回　天道不誣　地中有碑　出自廊廚　昭揭我祖　懿績宏謨　當日事功
備極揚揄　屠孫聞報　馳往前途　摩挲石面　字字眞珠　堂壁有記　正若
合符　東魯遺風　至今未渝　倡議重豎　發自鄉儒　顧玆不肖　力微稟愚
經營半載　竟獲所圖　猗我先蹟　復耀一區　有崇四尺　文廟之隅　禮義
之邦　永作楷模　謹因諱祭　用伸虔告　敢告


## 從先祖抱川公洪城壇所告由文　代本孫作

維歲次甲戌五月　日干支　十六代孫某　敢昭告于
顯十六代祖考通訓大夫行抱川郡守府君
顯十六代祖妣淑人河陽許氏　伏以吾李　黃驪華閥　有德有爵　猗歟
文節　孫曾振振　大闡家聲　惟我府君　膺時挺生　早歲發身　職卑才高
分符百里　將試牛刀　天嗇其壽　遺恨千秋　子孫辭京　分徙諸州　世遠
境遷　迷失封塋　屠孫誠薄　空費經營　設壇奉祀　已歷年所　就復舊原
乃愜情緒　重修佳城　先墓之側　伏惟尊靈　是鑑是卽　敢告


## 從先祖抱川公德沼墓所告由文　代本孫作

維歲次甲戌五月　日干支　十六代孫某　敢昭告于
顯十六代祖考通訓大夫行抱川君守府君

顯十六代祖妣淑人河陽許氏 伏以府君 衣屨之藏 楊州鷹峰 先塋
之傍 中世以還 遂失其傳 省掃無地 香火久捐 百代千載 不昧者存
玆就兆域 起土成墳 猗我郡主 膝下弟昆 幽明無間 左右晨昏 神理
攸宜 人情俱欣 歲時展掃 有萬來雲 吉日良辰 竪此牲石 設奠虔告
庶賜歆格 敢告


## 王考省軒府君墓竪碣告由文 代舍伯作

伏以府君一生 山椒水濱 徘徊叔世 寤寐古人 學成行立 望重瀛
壖 蘊而未試 一箱草玄 亦粤王母 同心同德 沒而同塋 先兆之域
芸老撰銘 蔡翁述誌 名卿巨匠 一代公議 不肖誠薄 遷延等遲 四紀
于玆 牲石始備 多士以告 山阿增色 有崇五尺 垂示千億


## 伯父一亭府君墓竪碣告由文 代舍伯作

伏以府君之歿 四紀于玆 墓門之前 尚闕顯刻 懿行潛德 久益遺
忘 實由不誠 可誣世故 玆治牲石 略述以銘 來世可徵 庶幾爲慰
尚饗


## 先考厚岡府君墓竪碣告由文

伏以府君在世之日 每以先王考曁伯父兩世墓道儀物未備 爲深憾
今不肖兄弟 積歲經營 募工勒石 旣竪碣于兩世塋下 因以及於府君

之藏　蓋府君平生孝友至性　或可以少慰於泉臺之下　而不肖輩　亦可因此而少伸其情私也耶　不肖兒時　讀歐陽氏瀧岡阡表　不覺淚凝於眶　謂人子之顯揚其父母　此其分也　今不肖　撰府君阡表　既無其文又無其名與位　反躬自悼　只切罪責　謹將家庭舊聞　追述府君與兩位先妣　先後同原之來歷　並及府君晚年自述之作　刻諸石面　以昭示後承而已　嗚乎痛哉　尚饗


## 八松鄭公遺址竪碑告由文　代本孫作

伏以府君　天賦孔美　早夜勉勉　左經右史　行篤盡己　學優登仕　志倦郞署　緣重山水　牛刀割鷄　小試而已　著述等身　燦然條理　彼哉靑紫　豈可易此　聞風負笈　至自遠邇　彬彬文質　門下諸子　惟玆龍山是我鄕里　鬱乎松林　杖屨遺址　屹屹貞珉　聳動瞻視　昭揭往蹟　千秋無圮　玆捐吉日　敬告源委　奔走將事　濟濟多士　尊靈不昧　陟降是涘歆此菲薄　鑑此衷旨


## 咸安趙氏族譜紀績竪碑告由文　代趙氏宗中作

伏以姓之有譜　古人所重　敦宗睦族　於以爲用　猗我咸趙　其麗不億　不有世乘　曷審先德　顯允三祖　勞心積功　監察伊始　轉至澗翁坡西踵後　克底于成　宗支遠邇　粲然大明　載登於梓　壽于千歲　既糚而布　公諸一世　嗟我後人　寧不感銘　玆涓吉日　仰告尊靈　崇碑屹屹鎭我疆場　靈兮歸來　庶歆是觴　尚饗

行狀

# 平齋權公行狀

公諱泰直 字敬夫 姓權氏 本貫安東 始祖諱幸 以羅末豪族 歸高麗 功在民社 至今享安東太師廟 其後 屢有名公巨卿 輝映史乘 自麗入鮮 益繁衍 爲國中大姓之一 鮮之中葉 有諱三變 自丹城 徙密陽 當壬辰倭亂 一境魚肉 而能以智自全 着土奠居 子孫因爲密陽人 有諱淑 號啞聾 有諱相協 號拙窩 是公曾祖及祖考也 考諱重禹 號荷汀 妣瑞興金氏寒暄堂先生後錫振女 以高宗丙戌六月十九日生公于位良里第 幼聰敏 不煩長者督勵而自力課讀 甫成童 以親命遊安禮 謁李響山先生晚燾 李先生 獎詡之 及歸 往拜盧小訥先生相稷 時 盧先生 自金海來寓密陽 建紫巖書堂于東峽之蘆谷 負笈而至者 數百 公亦摯以請業 平生爲依歸之地焉 甲午以後 世道漸棘 及露日戰起 京釜鐵道 貫通密陽 倭兵彌滿境內 孫聞山貞鉉 與鄉人士 設開昌學校于邑中 敎子弟以新學 又聚民衆于嶺南樓下 演說時事 謂國運垂訖 祖域將盡爲左袵 天下之興亡 匹夫與有責焉 則吾輩 不可不奮發 拍欄絕叫 聲淚俱咽 於是 密之風氣 驟變矣 公掩卷歎曰 士當識時務 況於斯時乎 遂北走漢城 就學于外國語學校 頗傾倒於西洋利用厚生之說 庚戌 國竟不祀 倭人肆虐 毒流全域 公以爲我民之被抑壓冤枉者 多由不明于法律 東渡玄海灘 攻法學于江戶 歷數年 還國 托跡于法院 惓惓以救護我同胞之權利 爲己務 其在達府也 己未萬歲運動起 郭俛宇諸公 以巴里長書事 逮繫于倭警 公竭力周旋 冀有以緩其獄事而不得 遂投辭表而歸 喟然曰 吾所以黽勉趨世者 欲爲我同胞 貢尺寸之效 今也則已矣 盍反其本也 因復長髮 復舊儀 自號平齋 著「平齋說」以見志 逍遙于鄉里 里在府北二十里 『輿地勝覽』所稱陽良部曲也 北有崇山峻嶺 南有大陂池 池中有小島 島上有小構 曰宛在亭 風光絕佳 卽公先祖

杖屨之所而臨池而家者數十戶　皆公之族姓也　且耕且讀　不問世況
如桃源中人　間有儒碩長老至　必命觴于池亭　唱和終夕　風流蕭散
佑成家退老里　與公居只隔一小麓　我王考省軒公　負士林重望　篤守
舊規　而別置正進義塾　使從弟退修公炳鯤爲塾長　而招京鄕新學之
士　爲塾師　募集生徒　人或疑我家　騖於開化　相愛如深齋曺公兢燮
亦貽書　以爲王霸幷用之術　非吾儒所宜尙　而公獨毅然曰　是牖民復
國之道也　卽日遣其子姪入塾　退修公　有邃學宏識　塾師如李公均鎬
柳公長榮　安禮名士　公俱與結識　而尤與退修公善　佑成兒時　陪退
修公　往遊池亭　纔入洞　聞公適出外　退修公　遽返曰　敬夫不在　吾
興已盡矣　其相好之篤　有如此也　我家　刊布星湖李先生遺著　近畿
之學　始行於吾嶺　吾嶺挽近百年來　汨沒於理氣空談　至是　始知有
經世致用實事求是之學　公所學　素重實用　及讀『星湖集』　大有所契
多敷衍其說而著之篇章　因而沿其流　至茶山丁先生『與猶堂書』　尤
亹亹講誦不綴焉　茶山　嘗有示二子書曰　中國　文明成俗　雖窮鄕遐
陬　不害其成聖成賢　我邦不然　離都門數十里　已鴻荒世界　矧遐遠
哉　凡士大夫家法　方翶翔雲路　則亟宜僦屋山阿　不失處士之本色
若仕宦墜絶　則亟宜托栖京輦　不落文華之眼目　公深有感於斯言　丁
丑　絜家移淸州　己卯　遂自淸州　卜居于漢城之嘉會坊　至庚寅　以
六十五歲歿　時五月初一日也　適因兵禍　權腊于忘憂里　越七年丙申
返葬于故土　寔華嶽山麓癸坐之原也　配一直孫氏承憲女格齋肇瑞后
丙午卒　祔公墓左　有三男三女　男寧福寧軾寧敏　女適李炳兌權芝永
朴炳鉉　寧福男五喆　寧軾男五鉉　寧敏男彰焄五鍾　餘不盡錄　公有
遺稿五卷　其中雜著多可觀　撮其要而論之　一曰「歲差說」及「潮汐說」
廣採東西古今之說而證石谷李氏所論之非是也　二曰「頃畝結負攷」
及「讀星湖均田論」　歷擧吾邦田制之沿革　極論兼幷之爲害　而深致
意於星湖均田之論也　三曰「理氣說辨攷」　起論於退栗之異同　而參

以花潭星湖之說　降及俛宇所論　使學者　一目瞭然於吾邦理氣論爭
之源委也　嗚乎　公　嫺雅豈弟之君子　生丁不辰　隱約以卒歲　雖隣里
後生如佑成者　亦未知公之有文而富於巾箱也　甲寅春　寧敏君　奉其
伯氏　訪余於泮學　俾余存刪公遺文　旣又見囑以狀行之文　佑成辭以
不敢　而其請至再三愈勤　玆謹撫其遺事曁平昔所見聞者　叙之如右
以塞孝子之請云

甲寅一九七四年　仲秋

碑碣

高麗樞密院知奏事滎陽鄭公遺址碑銘 幷序

自新羅立國於詞腦野　其東表之地　濱海而爲郡縣者　先被王化　風
氣漸闢　當時欽天授時之政　次第見施　而斤烏支　當其暘谷之次　尤
爲重地　諺所傳迎烏細烏之說　實屬荒唐　不足與聞　而其爲王者祭天
之所　則無可疑焉　迎日之號　盖非偶然也　由新羅入高麗　古樸未散
而山川之氤氳蓄積者　隨以發現　乃若翰林學士樞密院知奏事滎陽鄭
公　其首出之人傑也　公諱襲明　生長兹土　偶儻奇偉　力學能文　始以
鄉貢登第　屬內侍　國俗以門地相尙　朝廷貴戚舊要　無援引公者　公
詠石竹花　以自況　曰世愛牧丹紅　栽培滿院中　誰知荒草野　亦有好
花叢　睿宗　聞而奇之　卽令補玉堂　仁宗朝　累轉國子司業起居注知
製誥　嘗與金富軾任元凱等　上書　言時弊十條　伏閣三日不報　皆辭
職不出　王爲罷執奏官　減內侍別監及別庫　令諸人出而視事　公獨以
言不盡從　不起　尋陞禮部侍郎　王命太子引公講書大禹謨　三國史記
之纂輯也　金富軾　以致仕臣　爲編修　而公　以右承宣尙書工部侍郎
翰林侍講學士　爲其副　以管句之　仁宗　深知公爲人　嘗有敎書　以文
章華國儒術飾身等語　褒美之　及臨終　戒太子　曰治國須用鄭某言
毅宗卽位　輕佻　無人君之度　公自以先朝顧託　知無不言　旣以嚴見
憚於王　又以群小譖間　知終不可與有爲　遂仰藥而卒　冀以死聞於王
王庶幾有悟也　毅宗　竟不自肅　蕩敗以死　嗚乎　庚癸之禍　慘矣　武
臣揮劍　文吏駢首就戮　新羅以來名門世族　掃地而盡矣　向使毅宗
革心改面　聽信公言　則豈有是哉　公雖齎志以歿　公之後　子孫蕃衍
自圃隱文忠公以下名臣碩輔衣冠聞人在朝在野者　代不乏絶　吁亦盛
矣　公旣爲士林所俎豆　列享於烏川玉山兩院　而其丘墓　世遠失所在
子孫　就舊邑城裏　築壇建齋　歲奉香火　卽今南城壇所也　距壇所十
里許　有大覺洞　寔公故宅之址　礎石尙存　木瓜之木　叢生於後園　故

老相傳公手植遺根云　棚以環之　禁樵牧已久矣　歲庚午　一宗諸君子
協議　將豎一碑　以寓追遠之誠　請銘於佑成　佑成　謹據高麗史及鄭
氏世譜　叙之如右　繼之以銘　曰

　　　都祈之郊　日月之池
　　　國之東表　神秘且奇
　　　人傑地靈　公生於斯
　　　三朝柱石　一世風儀
　　　濟濟雲仍　不億其麗
　　　有壇有齋　虔奉歲時
　　　大覺古洞　誕降舊基
　　　木瓜有叢　手澤可思
　　　兹焉紀蹟　赫赫崇碑
　　　後千萬歲　其胥與知


辛未一九九一年　寒露節


## 驪陽陳氏始祖驪陽君壇享碑銘 幷序

昔世宗大王　撰龍飛御天歌　其第二章　有曰　根深之木　風亦不扤
有灼其華　有蕡其實　又曰源遠之水　旱亦不竭　流斯爲川　于海必達
余每讀此章　未嘗不三復而致意焉　盖其言　雖指李氏王家肇基樹德
之悠久而云者　然　豈特王家　凡一國之著姓故族　罔不如是　溯其流
而知其源　看其華而知其根　根深源遠　其所自來　有不可誣者也　吾
邦上世　民俗淳簡　有名而無姓　姓氏之制　肇自新羅　至高麗而擴散

而遍于八域　羅則吾不知已　麗朝以後　文獻俱在　可得以徵　以余所
見　有屬桓解古胤者　有自中國浮海而至　受一廛而奠厥攸居者　而其
子孫之蕃且昌者　其始　必有一二顯祖　厚德偉業　以啓其端而遺其澤
於無窮也　然　麗史列傳　載有數百其人　考其出身　非文則武　非武則
吏　或以文才　名振中外　或以吏幹　功著一代　而其後承　多有泯泯無
聞焉者　況於武乎　而況於武人之不學無識　戕害其胞類者乎　今人家
譜牒　間有記自羅代　而在乎疑似之間　自麗朝後期　始可憑信　中經
庚癸之亂故也　嗚乎　庚癸之禍慘矣　文之驕傲　固可觸罪　而武之殘
暴　靡有紀極　雞林骨品之雲仍　草薙禽獮　殆無遺種　及至武之惡之
貫盈而自抵于敗亡　則其後承之有無　尤不足論也　於是　文與武俱盡
惟吏之族之保全其軀命　與夫自州縣而新進者　漸就隆盛　蔚然成爲
士大夫門戶　以致朝鮮王朝之開創焉　乃當時　獨於武之中　恪守天良
爲善是樂　俾其後承　茂膺福祿者　有之　陳氏一家　是已　陳氏之始祖
曰寵厚　在睿宗朝上將軍　以功封驪陽君　其子諱俊　大將軍　明宗朝
累拜知樞密院事　進參知政事　判兵部事　性質直　有令譽　王亦器重
庚寅　鄭仲夫李義方輩　旣大殺文臣　又將屠其家　公曰吾輩所嫉怨者
韓賴李復基等不過四五人　今殺無辜　亦已甚矣　況妻子乎　力禁之
後四年癸巳金甫鐺　起兵圖反正　不克　又一切搜文士　戮且盡　公又
勸義方中止　郎將金富亦曰天意不可知　人心不可測　恃力不揆義　獮
薙衣冠　世寧少金甫鐺乎　吾輩有子女者　悉令與文吏之家　結婚姻
以安其心　可久之道也　衆從之　自是　禍稍歇　蓋當時文臣之賴公而
活者　多矣　時人　謂公有陰德　後必昌　其孫諱湜諱溫諱澕　皆登第
有文名　湜官至御史大夫西京留守　溫禮賓寺卿羅州牧使　澕選直翰
林院　以右司諫知制誥　出知公州　卒　號梅湖　善爲詩　詞語淸麗　少
與李文順奎報齊名　翰林別曲所稱李正言陳翰林　是也　其後百年　冠
冕赫舄　至漢陽初葉　寢衰不振　然　子孫散居域中　其麗寔蕃　勤修譜

牒 尊祖敦宗 世以儒素相傳 到今出而需世 爲長官爲家宰者 不乏
其人焉 可見其餘慶之長發也 余所善陳泰夏敎授 以門父老命 來請
其始祖壇享碑銘 袖出其世譜二册及關係文字 因從容言曰世傳吾陳
本中國福州人 北宋時有右尹陳琇 避虜亂 率家浮海 泊于高麗之驪
陽縣 卜居驪陽山下 子孫因爲驪陽人云 麗史稱淸州驪陽縣 誤也
輿地勝覽 洪州牧 有驪陽廢縣及驪陽川 又於人物條 載我參知政事
公以下諸祖 則驪陽之在洪州 毫無疑焉 今洪州之長谷 鄕人 稱爲
陳谷 以吾陳世居之地也 然 世代綿邈 滄桑累變 始祖驪陽君及參
知政事公父子墳墓 俱不知其所在 故 設壇於此 以奉享者 積有年
所 曾立石以記其事 今以僉宗之議 將特竪崇碑于始祖壇前 子無惜
爲我撰其銘若序 余辭不獲已 謹按其世譜則踈齋李頤命梅山洪直弼
諸鴻哲 俱有序跋 備述其世德 但麗史及輿地勝覽 只書參知政事公
而不及於驪陽君 驪陽君之事蹟 無以證焉 是可憾也 然 參知政事
公 出身以武 而當鄭李輩暴虐無道之時 獨以仁民愛物之心 救活多
人 有隻手止狂瀾之氣像 此非有所受於家庭而能如是耶 以是 知參
知政事公之懿行 實出於驪陽君義方之訓也 前所云溯流知源看華知
根之義 余又爲陳氏申之 系以銘曰


　　吾邦有陳盛如雲　誰其根源驪陽君

　　有風不扤旱不竭　此義曾於先王聞

　　驪陽山川秀且麗　淑氣至今尙氤氳

　　會看餘慶發無盡　百世可徵看此文


丙寅一九八六年　嘉徘節

慶州金氏糾正公壇享碑銘 幷序

　　慶州金氏之先　有曰糾正公　諱乙輅　一諱乙貂　字稱星　仕高麗末
官吏曹判書　與圃隱鄭先生　爲道義交　及麗運訖　不就新朝之徵　自
靖以終　雲仍蕃衍　遍于域中　而其居永川者　最多　歲戊寅夏　十七代
孫前崇惠殿參奉奎淵濟殷　與十九代孫泰守相政　訪佑成于北漢山下
曰糾正公衣履之藏　竝配位墓所　失傳已久　或傳公之影幀　在海州北
面五友臺云　而今南北分斷　莫得以追尋　其爲苗裔之恨　可勝言哉
玆以諸族之議　將設壇竪碑于永之紫陽面甌山亥坐原　爲歲時奠獻之
計　卽長子浩然堂公墓後也　願吾子撰銘若序　爲後日傳信之資也　佑
成　辭不獲已　謹就其家傳而叙之　金氏　出自新羅大輔諱閼智　其貫
慶州　始于麗初　敬順王第三子永芬公諱鳴鐘　其貫祖也　七傳諱義珍
判尙書兵部事平章事致仕　謚良愼　與崔文憲公冲　敎誨後進　有良愼
公徒　卽十二公徒之一也　又四傳諱良鏡　平章事　謚貞肅　文章德行
爲一代名儒　高文大冊　皆出其手　子諱軌　初諱鍊成　尙書左僕射　寔
公五代祖也　高祖諱瑤　上將軍鷄林府院君　曾祖諱正潤　兵部侍郎
祖諱南賁　判三司事　考天應　號三山叟　以孝　薦監役　㫌其閭　贈吏
曹判書　妣貞夫人坡平尹氏正言起莘女　生六子　公序居第五　恭愍王
十一年壬寅　以求仁齋生　登文科　與陶隱李公崇仁同榜　至中直大夫
嘗以糾正　出按嶺南　是時　紅賊雖平　興王寺之變又作　朝著不安　而
倭寇出沒　南方州郡　被害尤甚　吏民渙散　公之出按　其任莫重矣　圃
隱先生寄詩一絶　曰南國干戈尙未休　七年不到故園遊　風流御史斷
腸處　落日江山明遠樓　其題曰寄益陽金糾正　益陽　永川古號也　明
遠樓　永之名樓也　蓋公與圃翁　俱爲永川人　同登宦路　屬值國家多
故之日　相與驅馳於干戈之際　其云七年不到故園者　豈但圃翁之自
道　實與公同其境地　而情與意有相融者也　落日江山斷腸之語　有足

以窺見兩公之心事也　圃翁死而麗社周屋　公守罔僕之志　不改所操
可謂不負圃翁矣　配貞夫人竹山朴氏正言稠女　生二子二女　長子自
養　太宗朝文科兵郎臺諫　歷任通川淸風　卽浩然堂公也　次子自美
世宗朝文科錦山郡守　長女　適淸州楊培吏判　次女　適永川崔龍和兵
使　自養三子　伯敦縣監　仲敦兵使　季敦府使　贈吏判　自美一子　淳
進士　餘繁不錄　銘曰

鷄林眞骨　奕葉熾昌

名卿碩輔　輝映崧陽

良愼敎學　貞肅文章

載繼載述　源遠流長

公乃挺生　門戶增光

早登雲路　可期立揚

顯允鄭圃　與同翱翔

國步艱難　奔走邊疆

鄕山咫尺　落日斷腸

昊天不弔　宗社淪喪

山巓水曲　矢志自藏

隱德裕後　歷世彌彰

濟濟雲仍　襲美承芳

追遠莫及　報本是常

設壇竪碑　紫陽之坊

歲時奠獻　庶羞馨香

尊靈不昧　陟降洋洋

戊寅一九九八年　立冬之節

## 左議政 容軒李襄憲公墓碣銘 幷序

朝鮮開國之初 明君賢主 相繼御極 勵精圖治 而一代人材 或以
文章 或以經濟 或以德量器局 立于朝 同寅協恭 以推隆其方昇之
運 吾邦政敎文物 於斯爲盛 而世所稱名臣碩輔 亦萃於此一時矣
若左議政容軒李先生 其尤也 先生 天稟卓異 力學能文 兼以高麗
世族 藉有父祖之門地 自登科第 卽有公輔望 歷事太祖定宗太宗世
宗 位極人臣 啓沃弘多 雖遭讒去國 齎志以歿 而功名事業 載在國
史 風流文采 衣被後世 豈不韙乎哉 先生 葬在廣州治西栗村 子孫
歲時奠掃惟謹 歷五百載 無小改焉 挽近 民戶澎漲 幾下山林丘壑
盡化衚衕 先生墓 亦不免遷奉于距京稍遠之地 辛未春 祀孫承衍氏
訪佑成於漢上 曰昔四佳徐相國 爲吾先祖作神道碑銘 至今赫赫照
映人耳目 而今旣遷葬 又不可無誌 揆以世好 子當爲之銘若序 佑
成 不敢以不文辭 謹據其家傳及史乘而叙之 曰先生 諱原 字次山
號容軒 諡襄憲也 其先固城人 高麗密直副使 戶部尙書 鐵嶺君諱
璜 其鼻祖也 高祖諱尊庇 始用儒術 仕忠烈王 官至判密直司事監
察大夫世子元賓 曾祖諱瑀 三重大匡判三司事鐵城府院君 祖諱嵒
號杏村 官贊成事左政丞鐵城府院君 諡文貞 考諱岡 號平齋 早卒
官止密直副使 大提學 特賜諡文敬 高麗史 俱有本傳 可按而知也
妣 辰韓國夫人淸州郭氏 判開城延俊之女 以恭愍王十七年戊申正
月生先生 生纔四月而孤 郭夫人 泣曰天若祚李門 其在此兒乎 先
生在襁褓 嶷然如成人 稍長 學於陽村權文忠公 文忠 卽先生姊夫
也 先生學日就 論議發越 文忠驚歎 曰吾舅氏不亡矣 年十五 中進
士科 十八 擢第 圃隱鄭先生 寔主其試 鄭先生曰以文敬之才之德
不大厥施 不食之報 在此兒矣 二十一 拜司僕寺丞 累轉爲兵曹正
郞 及太祖革麗命 庶事草創 紀綱未立 先生 凡三入臺 爲持平爲侍

史爲中丞 剛正自持 有懷必達 恭靖王 擢置喉舌 太宗仍之 眷注益
篤 論佐命勳 賜丹書鐵券 錄淸白吏 封鐵城府院君 出爲京畿觀察
使 又尹平壤 兼西北面都巡問察理使 後又爲慶尙道觀察使 及東北
面都巡問察理使 所至 政聲四達 改賜推忠翊戴佐命功臣之號 尋移
大司憲 激濁揚淸 謇諤有憲臣體 世宗立 大拜至右議政 加賜功臣
同德二字 己亥奉表如明 皇帝見其姿相魁偉奇之曰黃髥宰相後須復
來 越二年 陞左議政 主禮闈 取安崇善等三十三人 時稱得士 先生
爲相九年 務持大體 平生接人和易 曾有忌先生者 誣構暗昧之過
太宗親雪之 後竟謫礪山 世宗知其寃 每論議大事必曰鐵城在必善
處矣 且念舊勳 欲召還復相 而先生 竟以病卒 享年六十二 可恨也
先生氣宇寬洪 臨決大事 確然不動 屹如山岳 掌銓注十餘年 予奪
不以私 三入中朝 通兩國之情而盡外交之道 儘吾邦有史以來指不
多屈之賢宰相也 世祖還賜職牒及功臣號 令世祠不祧 後又因士林
公議 享明溪明湖兩書院 先生先娶陽川許氏典理判書錦之女封辰韓
國大夫人 生一男二女 男臺 中樞院副使 女適柳方善柳汲 後娶全
州崔氏軍簿摠郞丁智之女 封弁韓國大夫人 生六男四女 男谷 大護
軍 垤 漢城左尹 埤 同知中樞院事 場 上護軍 增 縣監 贈參判 墀
敦寧府正 贈禮曹參判 女適尹三山李宏植權寧黃從兄 臺 有四男
越 封桂林君 晨 副正 嶷 兵曹參判 庚 府使 谷 有一男 節 監司
垤 有二男 準 縣監 則 大司憲 埤 有二男 儀 府使 偉 監司 場
有二男 崑 判官 巘 監司 增 有六男 汧 縣監 贈都承旨 浤 留守
洺 佐郞 贈參議 沼 留守 淸 生進 墀 有四男 陸 參判 陘 郡守
贈參判 隰 郡守 陌 大司諫 內外孫曾百有餘人 繁不錄 始許夫人
先先生卒 葬于楊州德水洞而世遠失墓 先生卒 後三日 崔夫人亦卒
與先生同塋 今先生之遷葬也 許夫人用權道合窆于廣州木里子坐午
向之阡而崔夫人位於其下焉 銘曰

國有賢相　民社以寧

澤在八域　名垂千齡

天祐有德　祚運靈長

濟濟雲仍　歷世彌昌

樂哉新阡　漢山之隅

一區福地　兩祔是俱

有崇七尺　刻以昌詞

山川有靈　萬世護持


辛未一九九一年　仲夏之月


## 驪川君　李胡襄公壇享碑銘 幷序

吾李　出於新羅之黃驍縣　高麗　改黃驍爲黃驪　而吾祖先　以土姓任鄉職　爲校尉　爲戶長　淳朴謹厚　自高麗後期　始通仕籍　達官名宦代不乏絶　遂爲開京顯族　至麗末鮮初　有若文節公騎牛子先生　文章風節　一代士林之儀表　値王朝革命　罔僕自靖　新朝徵辟載路　連除清要　而先生　矢志不起　以前朝遺老　終　世以圃牧並稱焉　先生　有三子　長諱遜　藝文提學　次諱迹　大司憲　季諱蒙哥　字季彭　卽驪川君胡襄公也　伯仲兩公　年俱長成　已出仕路　而公　以異腹弟　生於太宗四年甲中　蓋先生遯於江陰別野時也　新朝　自開京　遷都漢陽　先生　從長子　移居于漢陽城南　一區園林　逍遙自適　公　以髫髦　侍側讀書　時　陽村權近獨谷成石璘諸公　往來相訪　先生　不以出處之相異而有間於友誼也　然　先生　槪不應其邀請　一日　獨谷　請先生同作山行　先生　託種瓜不赴　獨谷呈詩　有曰蒙哥解讀書　蒙母善治具　對

酌勝佳賓　敲門多不遇　公之名　已見知於先輩長老　有如是也　及長
通經史　又善弓馬　以武科發身　而父兄俱歿　長姪敦寧公諱孜　亦早
世　公踽涼一世　無所於寄　韓明澮明溍兄弟　於公爲外從孫　與之友
善　又因韓兄弟而識權擥　諸人者　薦公於世祖　世祖　時以首陽大君
一見器之　端宗癸酉　世祖以靖亂功　大賜功臣號於諸人而公與焉　爲
輸忠靖亂三等功臣　由中軍副司正副司直　陞通政僉知中樞院事　壬
午　陞嘉善中樞院副使　封驪川君　甲申　陞嘉靖　乙酉　陞資憲　睿宗
己丑　拜中樞院知事　成宗辛卯　陞正憲　丁未　別世　春秋八十三　朝
廷　輟朝弔祭　禮葬如例　諡胡襄　彌年壽考曰胡　因事有功曰襄　史臣
書曰　蒙哥　攀附眞主　獲參帶礪　致位宰相　而於勢利淡如也　閉門却
掃　常以讀書爲樂　嗚乎　此可謂史家之公論而亦可見法門義方之有
不墜焉者也　墓　江陰雪峰山永淸洞先塋下艮坐　配郡夫人慶州崔氏
祔左　子致南　贈驪城君　孫承基　驪山君　連基　驪原君　景基　驪平君
雲仍繁衍　散居于海州金浦坡州等地　自國土分斷以來　在南者　不得
省墓　且四十餘載　十八代孫秀衡　積歲經營　將設壇奉享於所居坡州
之山　屢訪佑成　請製碑文　佑成　感其誠孝　且以傍裔　不敢自外於是
事　謹據家集及王朝實錄　叙之如右　系以銘　曰

　　　驪山鬱鬱　驪水湯湯

　　　猗我祖先　襲美播芳

　　　粤有文節　千古三光

　　　巍巍德儀　燦燦文章

　　　公以武起　不墜義方

　　　變亂之際　勢利之場

　　　淡泊爲心　壽考康彊

　　　王用嘉獎　諡以胡襄

史臣書卒　措辭允當

天道福善　祚運悠長

振振子姓　旣蕃且昌

嗟今世亂　南北分疆

久闕省掃　雲山杳茫

孱孫誠切　寤寐不忘

設壇竪石　俾我揄揚

尊靈不昧　陟降洋洋

歲一歆格　豐潔芳香


己巳一九八九年　孟冬之月


## 成均進士南原梁公墓碣銘 幷序

嶺之南　號人材文物之鄉者　比境相望　而在洛江之左　近海數百里之地　密陽爲最　密陽　自高麗中葉　爲南方舟車之會　稱以繁麗　而聲明文華之闡　微乎未敞　降及麗末鮮初　孫朴卞三姓之氏于本鄉者　稍稍出名卿巨人　而猶未及恢張儒化　大啓民昧也　至佔畢齋金先生　以一代宗碩　振作文風　時適士族　如碧珍之李平山之申驪州之李　自外來住　而梁氏之貫南原者　亦後先入鄉　奠厥攸居焉　於是　士大夫之風流文彩　隱映於鄉曲之間　而其交遊之好　多聞於後世　若成均進士南原梁公諱澹字士恬之於吾先祖月淵公　尤著　以佑成所聞於父兄　蓋地德兩齊　情無異於昆弟　顧於壬辰之亂　密陽適當其衝　文籍湮滅　兩家祖先之相與於往復酬唱之際者　無從得其詳　佑成　每念及於鄉故族乘　輒不禁慨惋于中也　日梁氏鎬晉　訪佑成於蓬萊之寓舍　袖出

進士公之行草　及其遺文二篇而曰　吾進士公之十四代孫也　進士公
墓　在龍平里推火山麓先塋之下艮坐之原　夫人碧珍李　祔之　以僉族
之議　將竪碣于墓　揆以世好　子當爲之銘若序　因歔欷言曰　吾梁世
居沃川　其入密陽　自進士公之曾祖成均生員濬始　生員公　娶漢城判
尹高信仁之女　生二子　次德符　別侍衛定略將軍　是生汝昌　卽進士
公之考也　月淵先生　銘其墓　以爲謹厚長者而竝稱進士公工文善書
雄鳴嶺南　將必登庸於世　然　進士公　竟未克大顯　進士之子曰宗海
宣陵參奉　孫長曰處江　承仕郞司甕院參奉　次處淮　曾孫曰應偉　宣
武郞　處江之子　應伯　處淮之子　玄孫曰泰湖泰汴泰泳　應偉之子曰
億　應伯之子曰某　壬亂之餘　散而之四方　故實莫徵　雖有可紀　力
屠未逮者　三百有餘載　可勝嘆哉　吾不文　略採州誌及先墓文字中可
信者數事　構成進士公之行草　以爲請銘之資　子於吾家之事　可不盡
心　佑成　閱其行草　因讀公之遺文　二篇　皆爲人墓碑之作　措辭精簡
不失文家軌範　而樸茂眞率之態　流露於字裏行簡　佑成　不覺斂袵而
復之曰　如公文　在當日　不第吾鄕　求之嶺南　蓋未可多得　月淵之推
獎　豈徒以哉　顧公之世　當中宗反正　治運方昇　而年少淸名之士　乖
激成風　遂致朝著不寧　士禍連作　善類魚肉　以公之懷抱利器　而未
得出而小試焉者　勢也　然　公寬厚樂易之君子　與其冒進而得禍　無
寧優游山澤　導率鄕里　流愷悌於百世　亦公之素抱然也　公之銘李公
哲元　有曰身有追贈　家無餘贏　來進山高　來進水淸　其銘蔣公世璘
則曰　稻熟于野　酒滿于樽　無位無官　亦足範俗　此雖公稱道李蔣兩
公之語　而實無異公之自叙　讀此語者　必有以想像得公之風致　而興
異代蕭條之感也　他日有著嶺南耆舊傳者　其叙密陽人物　公必與於
首書之列也　無疑矣　庸何患夫文籍之湮滅而故實之莫徵也哉　因爲
之銘曰

山高水清　稻熟酒濃
過是鄉者　其有懷乎先生之風


己亥一九五九年　七月


## 察訪河公墓碣銘 幷序

　　吾州之有文獻　始于麗末鮮初　而龍蛇之亂　擧入灰燼　亂後　賴諸
父老長者　申勤掇拾　以之修鄉案而徵故實　而鄉案之設　不但記鄉人
姓諱來歷而已　取捨之際　兢兢乎持重　以整名分旌淑慝　爲第一義
以是　知當日入參於鄉案者　皆淸名峻望之士　古所謂鄉先生歿而可
祭於社者也　佑成兒時　見鄉案　其錄亂前入參者也　首書察訪河公
心竊嚮仰　問諸父兄　則公乃鄰里大項河氏之祖先而在余爲先世外祖
自此　尋常耿耿于中　稍長　與河氏子弟　往來交好　因欲詳知公事蹟
而不可得也　甚矣　文獻之不足也　辛酉春　河載裕漢植兩友　以公銘
文　屬佑成曰公無後　吾輩　以傍裔　守護墓域　歲奉香火惟謹　墓在大
項東麓寅坐之原　配淑人密城孫氏　雙墳也　今距公之世　且將五百年
以宗議　將竪一石於墓道矣　吾與子　俱在子孫之列　敢不盡力於此事
佑成　無以辭　謹按其譜牒而叙之　曰公諱受千　字季淸　本晉陽人　以
高麗門下侍郎同平章事諱拱辰　爲鼻祖　七傳諱湜　晉康君　生諱恃源
右議政晉康府院君諡义貞　於公間五世　高祖諱允丘　府尹　曾祖諱遊
漢城判尹　祖諱之溟　進士郡守　考諱備　司直　屬端廟遜位　決意南歸
晚而移卜于密陽華嶽山下壽洞　爲嘉遯之計　卽今之大項也　妣恭人
苞山郭氏義盈庫使得宗女　有三子　公其季也　以某年　生于晉之大井
谷而隨大人公奠居于此　早歲　登文科　歷翰林注書司諫院獻納　外補

察訪 此公世系及仕宦經歷之大槩也 譜牒所記 止此 今不敢强爲之
推說 有二女 長適潭陽李龜年習讀 次適驪州李光輅 生員文科 驪
李之後 嘗奉公祀墓 中歸于本宗云 銘曰

　　惟吾密　儒之藪
　　鄕有案　公其首
　　公之名　永不朽
　　華之陽　公之藏
　　山巋巋　水泱泱
　　公之風　高且長


辛酉一九八一年 維夏


## 贈左贊成東園李公神道碑銘 并序

碧珍之李 自高麗至朝鮮 鴻儒哲輔 磊落相望 而其居昌寧宜寧等
地者 亦世趾其美焉 往在肅廟乙亥 昌寧人士 就縣北三十里 刱燕
巖書院 自禮曹啓請建府標 因享三先生 贈左贊成李先生諱承彦 右
贊成琴軒李先生諱長坤父子 其二 而芙蓉堂成先生諱安義 其一也
院宇廢 俎豆撤 爲衿紳之所歎惜 雲仍之所慨恨者 且至百數十年
懼夫聲徽之寢遠而芳臭之日泯也 李氏一門合議 將竪贈左贊成李先
生神道之碑 後孫憲德憲祖 以諸父老意 請銘於佑成 佑成 生長隣
鄕 自兒時 慣聞琴軒公事 覽其實紀而敬慕之 獨於其父公 知之有
未盡 憲祖氏 出以行狀一通 曰此大山李先生所撰吾先祖行狀也 子
之云未盡者 其將有得乎斯文也歟 且曰吾先祖之號東園 已登在譜

牒 而世顧未之稱焉 願吾子之留意也 佑成謹撮其狀 參以聞見而正
敍之曰先生諱承彥 字士雅 東園其號 自始祖碧珍將軍忩言 十世至
進賢館大提學山花先生堅幹 文章風儀 著于中外 先生乃其六世孫
也 曾祖諱希慶 官中樞都事兵馬都元帥 祖諱愼之 贈吏曹判書 考
諱好謙 知興海郡事 以淸白聞 妣高靈朴氏宗廟署令眞言之女 大將
軍蔓之孫 先生 生有異質 甫成童 沉洪有器量 雄勇絶倫而折節爲
學 淹貫經史 成宗三年壬辰 中生員試第一人 又中進士第二人 一
時儕流 稱李壯元而不名 少遊佔畢齋金文忠公之門 與寒暄堂金文
敬公及元參奉槪李上舍鐵均郭上舍承華周秀才允昌諸公 爲道義交
丁酉 畢齋 爲善山府使 先生與諸公 會于府之鄕校 討論墳典 時就
質正于師席 數月而罷 畢齋 曾有和詩 曰平生堯舜君民志 肯羨衣
輕馬亦肥 及臨別 首擧先生名 贈之以詩 其第一聯曰博帶褒衣正四
儕 堤音喜聽月波西 第三聯曰 聞道賢關動奎璧 應將彩筆吐虹霓
第四聯曰 自多吾黨多奇士 洗眼行看淡墨題 蓋期之以金門射策立
身揚名 以之行堯舜君民之志也 先生 長身白皙 儀表俊爽 言論風
發 人皆期以遠大 畢齋之託以吾黨奇士 實先生之謂也 逎先生 自
以早孤不得以仕宦榮其親 且目見當時世態文勝而質貧 人心嶢崎
度不可有爲 泊然無進取之念 築室于洛東江上 優遊閑養 以自適
蓋先生斂其初年英銳之氣 俛從規矩 沈潛義理 成就其德器者 正有
他人所未及知而己獨得之之樂也 會朝廷 求遺逸 除獻陵參奉 再轉
爲漢城府參軍 先生 黽勉赴任而非其素抱也 後以子長坤貴 屢贈至
議政府左贊成 墓在昌寧縣西釜谷向亥原 配完山李氏春陽君俠之女
有五男一女 男長吉 戶曹判書 長堅長城俱縣監 長坤右贊成 卽琴
軒公也 長培訓練院正 女適士人尹焞 孫男夢南牧使 贈戶曹判書
水南進士 終南護軍 德南雲南參奉 內外孫曾數百人 繁不錄 嗚乎
世違境遷 重以家國患難文獻缺失 先生之言行事蹟 竝與生歿年月

無從以詳　然　畢齋之詩　寒暄之師友錄　可見其淵源授受之端的　而
苟非平日化行於家庭而義方之訓之大有過於人人者　則如琴軒公之
跡奇而節完　屹然爲己卯名賢者　何從以出　且非有盛德懿行之濡染
於一世之耳目　閱數百載而猶有感人深也者　則烏能得一鄉章甫之所
共矜式而芬苾之也　況己有湖上狀行之文　大賢之信筆　足以千古也
哉　銘曰

　　　　猗歟先生之師友淵源　亘百世而流芳
　　　　世人知有兩程兮　不知其出於太中之堂
　　　　昌山鬱鬱　洛水湯湯
　　　　有崇七尺　以爲證兮
　　　　遺風餘澤　與山水而高長


丁丑一九九七年　五月


## 靑坡李文光公墓碣銘 幷序

　吾邦之名門世族　槪自高麗末期　顯於世　至漢陽初葉　展拓其基址
而興隆其祚運　達官哲輔鴻儒韻士　皆於是乎出焉　就中　李之鐵城氏
尤著　鐵城氏　自文僖公諱尊庇　已深漑其根柢　歷杏村平齋　至于容
軒　間經鼎革而無少撓　家業益昌　以及于靑坡　靑坡先生之文章風節
爲一世所推仰者　盖非偶然也　佑成　生於五百載後　稽國故而閱姓譜
未嘗不欽歎於鐵城氏也　歲辛未春　靑坡後孫一圭氏　介宗人鍾或潤
福諸君子　言於佑成曰　吾祖衣履之藏　舊在廣州郡　乭馬面加次谷栗
村　去年　爲都市計劃所迫　不得已遷葬于同郡治西木里子坐之原矣

昔虛白堂成公　爲吾祖撰神道碑　碑至今尙存　然　今旣遷葬　欲竪一
碣于墓前　以紀其事　子其識之　佑成　旣敢犯手於容軒公碣銘　今於
是役　其烏敢辭　玆謹就神道碑文而撮其要　又參以史乘而叙之曰　公
諱陸　字放翁　自號靑坡居士　文僖公六世孫也　高祖諱嵒　官門下侍
中　諡文貞　號杏村　曾祖諱岡　官密直副使　諡文敬　號平齋　文僖公
以下歷世事績　載在高麗史列傳　祖諱原　官左議政　諡襄憲　其相業
詳在朝鮮王朝實錄　無庸爲贅　考諱墀　官敦寧府正　贈禮曹參判　號
思庵　妣贈貞夫人延日鄭氏　監察保女　圃隱先生曾孫　以世宗二十年
戊午四月　生公　公　少時倜儻不羈　有四方志　嘗南登智異山　窮山川
之勢　三年不返　聞風從之遊者　雲集　人或勸其事擧子業　以圖進取
公曰士之窮達有命　豈可汨沒於功令文字　因肆力於子史諸書　矻矻
忘倦　甲申　世祖　幸溫陽　取士　公　至自嶺南　揚言於衆曰　不占巍科
誓不入京　果擢第一　聲聞藉甚　超授成均直講　丙戌　中拔英試　戊子
又中重試　累遷世子文學宗學司誨　皆帶藝文應敎　睿宗卽位　擢爲司
憲府掌令　兼藝文典翰　成宗初　猶爲臺官　言事讜直　皆切時病　特陞
堂上　行大護軍　時論將擬公佐理　公辭以無勞　只受原從功臣號　拜
成均大司成　掌成均試　取趙之瑞申從濩等二百人　丁酉　御書　出爲
忠淸道觀察使　時　府正公　守槐山郡　自上宣召曰　父爲郡守　子爲當
道監司　交代之際　授受甚難　其速上來　時論榮之　上　嘗患獄訟淹滯
設斷訟都監　公爲提調　裁決甚當　甲辰　以刑曹參議　陞嘉善　拜慶尙
道觀察使　機務倍他道　公剖斷如流　一道稱美　乙巳　拜漢城右尹　丙
午丁父憂　服闋　累遷江原道觀察使禮曹參判　庚戌　以正朝使　赴燕
甲寅　成宗薨　又有請諡承襲使之命　親戚皆以公有宿疾止之　公曰
人臣義當夷險一節　況値國之大事乎　遂行　歷京畿觀察使司憲府大
司憲漢城左尹戶兵曹參判兼同知春秋館事　預修成宗實錄　燕山四年
戊午三月　捐館舍　享年六十一　訃聞　自朝廷賻祭有加　諡文光　初配

貞夫人高靈朴氏　縣監秀林女　擧三男二女　男崍　漢城判尹　嶮　郡守
鄴　進士　女適安邦彦南淑　繼配貞夫人慶州金氏　部長鈞女　擧一男
一女　男嶠　將仕郎　女適成世昌　內外孫曾男女數十人　繁不錄　於乎
公　博通群書　尤長於史　爲文贍富典實　所著　有文集及劇談　又嘗綴
拾杏村平齋容軒三世遺文　公諸世　卽鐵城聯芳集也　自登朝　至爲宰
樞　一心奉公　終始不渝　世或以公位不稱德壽僅回甲爲缺恨　然　別
有不朽者存　可以無憾也　昔公之舊基　朴夫人祔焉　而金夫人別葬在
駐馬只　今之遷葬也　公與朴夫人合窆　而金夫人　祔其右　爲雙封焉
銘曰

　　　於赫鐵李　崛起南土
　　　自麗入鮮　鴻碩接武
　　　猗公之生　鄧無凡樹
　　　志在四方　學通今古
　　　翱翔雲路　有契人主
　　　出按四道　入揚六部
　　　宜付國柄　伊尹吉甫
　　　家邦運否　奈於其數
　　　別有不朽　自足千古
　　　新卜明堂　有原膴膴
　　　左朴右金　夙緣重聚
　　　咫尺先塋　晨夕父祖
　　　永眷雲仍　廣庇門戶

　　　　　　　辛未一九九一年　大暑節

## 贈工曹參議慕賢齋河公墓碣銘 幷序

　　大項河君相鳳　以諸父老命　來請其十一世祖慕賢齋公墓道之文於
佑成　佑成　以鄰里後生　稔聞公事行　且於河氏之門　事同一家　有不
敢諉以不文者　因爲之叙曰　嶺南　稱壽洞者四而密州之大項　居其一
說者　謂洞府幽夐　杞根菊英　浸潤泉石　宜乎居人之壽也　然　自漢陽
初葉　名卿巨人　多來奠居　而率皆不數世而遷徙喪亡　如南士華袞
生長於斯　早闡才華　而又以北門事　不容於士論　至不保其宅址　則
壽之稱　固不足多　而無亦以其人地之不相稱也耶　顧河氏之先　自卜
居以來　四百有餘載　子孫之接屋連墻者　以百數　而至今猶見其丘木
鬱蒼　亭榭相望　何其盛也　河氏　以晉陽右姓　在高麗朝　已有聲於朝
野　入密後　有遯齋先生沖　師事佔畢齋金文簡公　歿而以鄕先生祭於
社　則其黎獻之舊　無待乎言　而至一生邱園　寤寐前修　課忠責孝　以
垂家則　則實有賴乎慕賢齋公　公　諱漢明　字汝耿　遯齋先生五代孫
也　高祖諱嶷薦參奉號樂圃　曾祖諱鮪進士　祖諱再淨號永慕齋副司
正　考諱潤京贈軍資監正　妣密陽朴氏文誠女　以仁祖丁卯　生公　天
賦凝重　自幼不妄言笑　讀小學孝經　沈潛玩繹　體而行之　甫弱冠　慨
先稿之散失　傍搜博採　編爲一冊　以傳後　家素淸寒　躬耕以養親　而
及居喪　一遵朱子家禮　不見其苟艱　敎子弟　一以義方　而誠意藹如
使之感發于中焉　以肅宗丙戌十二月十七日卒　遠近嗟悼　後以孝行
贈工曹參議　墓在村之東岡壬坐之原　配贈淑夫人星山李氏祔之　遯
齋先生塋下也　育四男二女　男曾昌壽昌贈漢城左尹一昌晚昌　女適
朴文郁李元龜　側室男斗昌女適鄭麟頂鄭勁李時遠　曾昌男得一重一
澄一慕一　壽昌男希一號松竹堂致一　一昌無后　晚昌男昊一有一遇
一就一　餘繁不錄　於乎　公之後世　槪皆篤倫常而親經籍　務稼穡而
重禮度　鄕人　見少輩之謙恭端詳者　則知其爲河氏子弟　此盖公之遺

化 而河氏祚運之長 未必不由此也 壽之道 其在斯乎 銘曰

　　所慕惟賢 藹乎眞衷
　　人壽無幾 壽在家風
　　人隨地而懋其實 地得人而成其名
　　有如不信 視我銘


　　　　　　　　　　　丙辰一九七六年　立冬之節


## 翠松堂密城朴公墓碣銘 幷序

　密城之朴 肇自新羅 歷世蟬赫 降至麗末鮮初 名儒巨匠 先後輩出
其中 有若松隱先生 血食千秋 松隱之子憂忍啞拙四堂 接武聯芳 而
其雲仍寔蕃 遍滿于鄕國 佑成 生長是州 每從鄕父老長者 問故事而
稽往牒 未嘗不咨嗟於朴氏祚運之靈長也 友人朴君登茁 拙堂之後也
世居府東之佳谷里 間嘗詣佑成於京師曰 吾將就我洞口大路邊 竪吾
十二代祖考翠松堂公事蹟碑 其銘其序 敢請於子 因出以家傳及鄕社
文籍資料 佑成 閱視畢 歉然 曰如公 眞古所謂鄕先生 歿而可祭於
社者也 爲吾後生者 可不有所事於崇奉之地也乎 公諱宗閔 字景休
翠松堂 其號也 高祖 諱世林 宜寧縣監 曾祖諱英 成均進士 祖諱惟
一 贈左通禮 考諱希良 號湖叟 贈判決事 妣驪興閔氏 三梅堂九叙
之女 公 以明宗甲子生 承受詩禮 早立根基 頎然爲鄕黨所推重 宣
祖壬辰 倭賊大至 府使朴晉 以兵遮遏鵲院關 賊間道 從梁山侵入
鵲院兵 一時崩潰 一境糜爛 公家亦未及遠避 閔夫人 隱匿于家後山
巖穴間 見賊緣崖而進 知不得免 自投厓下而死 嗚乎烈矣 公 時年

二十八 含哀忍痛 終其制 誓以討賊報讐爲國盡義 丁酉再亂 聞忘憂
堂郭公再祐 以防禦使 入昌寧火王山城 卽赴其陣 時 嶺南人士之同
聲相應 以來會者數百 公與裵慕亭大維盧沃村克弘安樂園璹 掌書記
之任 多所贊劃 賊大軍 至山下 郭公 堅壁不出 賊知不可爲 不數日
而引去 及亂定 罷兵而歸 鄕中文物 蕩然無存 德城書院 享佔畢齋
金先生 而養成後進之所也 院宇 幸免於兵火 而婢僕逃亡 荊棘滿地
丙午 公同孫聱漢起陽 倡議復享 與孫公謀命朴公安世 聯名通諭于
士林 俾底于成 又同朴菊潭壽春柳察訪光胤金公瀷李公壅諸君子 草
書院立議 使之永久遵守焉 松溪申先生季誠 吾鄕先賢也 士林欲配
享於德城 而輿論未定 適聞金海新山書院 欲與南冥並享松溪 而亦
以中間猥瑣之說 未能決行 遷延日時 光海丙辰 公 與朴菊潭安五休
玧金公克諧安公克緒李公壅 通文于新山 備述松溪品行之高 以解其
惑焉 此公一生事蹟之大槩也 公歿後 以子善承貴 贈同敦寧五衛都
摠府副總管 善承 號無盡亭 官至嘉善漢城右尹 嗟乎 世遠境遷 文
獻不足 公之事蹟之信而可徵者 寂寥而止於此 然 其爲國赴難之義
尊賢衛道之誠 載在簡冊 有目可覩 卽此可傳於百世而不泯焉 則可
記者 豈必多乎云哉 往在壬戌 嶺南官民 就靈山護國公園 設忠賢
二十一位 每歲行祀薦 而公與焉 亦可見公議之有在也 銘曰


  新羅之裔氏密城 歷麗入鮮代有聲
  祖懿母烈承且襲 是門又出鄕先生
  移孝爲忠固當爾 樂善好義豈要名
  元來翠松甘寂寞 不與桃李爭春榮
  惟有隱德厚積累 長爲來孫發菁英


癸酉一九九三年 雨水後三日

## 鶴城李公墓碣銘 幷序

鶴城之李　自朝鮮初　爲湖海名族　至中葉　有軍資監奉事贈漢城右
尹諱謙益　以忠孝行誼聞　其歿百五六十年　而癡庵南先生景義　狀其
行　而鶴捿柳侍郞台佐　銘其墓　可知其聲徽之愈久益彰也　今年夏
後孫維煥　以僉宗之意　訪佑成於漢南庄曰　公墓　在郡西蓮田辛坐原
柳公文　有闕略　且歲久字刓　將謀改竪碣以新之　子無惜爲我改撰銘
若序　佑成　辭不獲已　謹按狀　公字子敷　號梅軒　忠肅公諱藝六世孫
也　忠肅　以將才起家涉海者十三　刷還俘人六百　大有功於民社　生
諱宗實　水軍節度使　討馬島　死於軍中　朝廷遣官　招魂以葬　生諱直
剛　直剛生諱植　植生諱爕林　寔公之祖考也　考諱遇春　直長　妣禦侮
將軍朴自恭女　有五男　公其季也　以宣祖八年己亥生　五歲而父逝
十八歲而當壬辰亂　公時讀書梵魚寺　夜走至家　奉大夫人　入圓寂山
竭力供養　一日　樵于谷口　賊猝至　一賊挺刃迫公　公超過大溪　賊隔
水投刀不中　公遂取刀斫賊　刀傳于家云　明年　大夫人棄世　葬周南
山麓　從伯兄判官公謙受　奮袂赴戰　出入賊陣　多有斬獲　朝廷特除
軍資監參奉　尋升奉事　一日　慨然曰　生爲男子　武不封侯　文不能爲
聞道之士　恥也　因與第四兄謙福　徒步千里　拜觀海林公檜於羅州
林公卽錦湖亨秀從子　而得陶山淵源之正者也　公兄弟留門下　三年
而辭歸　移葬大夫人　祔先公墓　盧其側三年　至今行路　指遺址　稱李
孝子居盧處云（下佚）


## 嘿軒李公墓碣銘 幷序

公　諱申命　字休甫　號嘿軒　李姓　貫廣州　麗末遁村先生諱集　其

鼻祖也　入漢陽　世有名宦　爲國之大姓　有諱摯　娶于星州八莒縣　仍家焉　八莒　今之上枝也　是爲入漆谷之始　其後　子孫亦繁昌　嶺南數簪纓文翰之家　必推上枝之廣州氏　有諱遵慶　生諱熙復諱光復　熙復　生諱潤雨　號石潭　官工曹參議　以寒岡高足　從享檜淵　於公　爲曾祖　生諱道長　號洛村　官應敎　出系光復子榮雨後　是生諱元祿　號朴谷　官大司憲　公　其第三子也　妣□□□氏某官某諱女　公　以顯宗丁未三月一日生　以英祖辛亥七月二十一日卒　享年六十五歲　墓某山某坐原　配同福吳氏右議政始壽女　陽川許氏主簿鑄女　皆湖西之名閥也　有三男二女　男世瑝世璘世瑋　女適淳昌趙日奎光州金續　公寡黙爲性　而聰明過人　藉有父祖之蔭　宜可以翶翔雲路　大展其蘊抱而時值黨議之熾張　公道莫伸　自庚申政變後　南中人士　多恬退蟄伏而　公亦皓首畎畝以沒世　至自署其軒以嘿　有遺稿幾卷　藏干家　後因兵亂　並歸於烏有云　可慨也已　公之曾孫東仁東迪　共登文科　門戶復振　人皆謂公不食之報　在此　八代孫稹煥　致書于佑成　請公墓道之文　佑成　按其家錄而叙之如右　系之以銘曰

卿門布素　處世以嘿
有而不宣　宜來仍之馥郁

戊午一九七八年　九月

## 永興府使驪州李公墓碣銘 幷序

我驪州李姓之顯于世　自高麗中葉　歷高麗入朝鮮　子孫　散處于畿湖關嶺　爲國中望族　而簪纓文翰之盛　則畿下之水原派　爲最　水原

派　宗支蕃衍　鴻儒名宦　磊落相望　爲通國之所稱頌焉　逮夫世運降
而時事變　雖非復疇昔光景　而風猷懿範　隱映於鄉曲之間　可以接餘
緒而尋遺韻也　佑成　生長嶺南　摩挲譜牒　嚮仰之久矣　及移居于漢
京　距水原　咫尺之地　頗與諸宗族往來　講百世之誼　甚歡如也　辛未
春　宗人成茂吉茂　訪佑成于江南之實是學舍　出示世乘　請以永興公
墓道之文　永興公　諱錘　字□□　中宗朝人也　謹按其世系　始祖仁德
之七世孫　有諱皐　翰林學士集賢殿提學　麗亡　自靖以終　其曾孫有
諱賢孫　值端廟遜位　屏居丹城　以遺逸拜執義　不就　卽公之高祖也
曾祖諱永孝　蔭朝散陰竹縣監　祖諱鶴　武通訓博川郡守　考諱承宗
以武科出身　赴殿講　通周易　特陞通政　爲黃州牧使　妣淑夫人八莒
玄氏　以中宗癸巳　生公　幼而俊秀　及長　嫻弓馬　亦由武科　陞通政
爲永興府使　朝家　以北道豐沛之鄉　素重其任　而公　與其選　盖異數
也　然　文籍無傳　公之治績　無以徵焉　可慨也　墓光敎山文岩洞癸坐
配淑夫人文義朴氏　父兵使海　墓黃州公塋下辛坐　繼配淑夫人海州
鄭氏　父軾　墓坡州葛谷乙坐　子德洪　通德郎禮賓寺參奉　女尹端中
海南人　參奉　有四男　焜　贈戶曹參判　晦叔　造紙署別坐　爤　爋生員
曾玄以下　繁不錄　銘曰


　　家傳忠孝　身任撫字
　　隱德千秋　裕其後嗣


　　　　　　　　　辛未一九九一年　仲春之月

## 養眞堂李公墓碣銘 幷序

養眞堂先生李公 諱瀚 字而遠 碧珍 其本貫也 高麗初 碧珍將軍
諱悤言 以其所領 歸王太祖 功在民社 是爲鼻祖 入朝鮮 有諱約東
號老村 諡平靖 士林設院金山 俎豆之 子諱承元 兵曹判書 子諱有
溫 號友于亭 利川府使 是卽公高祖也 曾祖諱儼 副護軍 贈戶曹參
判 始奠居于靈山 祖諱碩慶 號德巖 考諱道孜 號復齋 兩世俱有士
林望 享德峰院祠 妣驪州李氏校尉慶涵女 文節公行后 公 以宣祖
己卯 生于縣東溫井里第 有異質 甫學語 已識字 王考德巖公 孜孜
獎學焉 壬辰倭寇大至 全家老幼七十餘人 避入三嘉 公年纔十四
顚沛之際 執子弟役 極其誠敏 諸祖諸父 莫不嘉歎 癸巳春 母夫人
遘厲以沒 公號慟幾滅性 不以亂離 或忽朝夕祭奠 夏從三嘉 轉寓
居昌 冬又往江陵 時 寒岡鄭先生 守江陵 德巖公 與寒岡善 故 往
依之也 丙申 亂稍歇 自江陵 移住玄風 丁酉再亂 又往江陵 至己
亥寇退 全家始撤還故里 復齋公 念公亂中失學 託公于寒岡先生
先生 受而敎之 而愛撫如親孫 有筆硯之役 輒任使之 公 處門下
刻苦勉勵 識解日進 凡三年而歸 其後 自靈山 往來檜淵 專心所事
一生以之慥慥 而其有得於師門者 尤在於威儀語黙之節 先生 嘗曰
某也 德器厚重 問學眞摯 洵無愧爲賢父祖之繼也 庚申 寒岡先生
易簀 復齋公 與其叔父畏齋先生 年踰六十 而俱以門人 治喪于泗
陽 公 陪侍以卒事 心喪三年 戊辰 遭德巖公喪 壬午 復齋公又下
世 前後喪祭 一遵寒岡先生禮說焉 復齋公 嘗署其軒曰養心 公 朝
夕羹墻於此 其號養眞 亦以此云 晩年 築室於釜谷之庄 依德巖公
所嘗倣藍田鄕約 爲高明洞案 敎導隣里 又修復齋公遺規 每朔望
行考講法 獎進後生 鄕黨翕然從其化 搢紳之士過其閭者 必造謁致
敬焉 顯宗己酉 考終於寢 享年九十一 葬長善山先妣塋下 配光州

盧氏　贈工曹參判克升女　生五男二女　男是榮是馨是栢是檜是榲　女
適周榮獻李一臣　是榮男煒　是馨男燻　是栢男炯　是檜無后　是榲男
天然油然　周榮獻二男瑒瑋　公歿三百餘年　尙闕墓道之文　□世孫興
中氏　與族人某　訪佑成於京師　以是爲請　佑成竊惟公吾家之所自出
也　安敢辭爲　因按其家狀而叙之如右　系之以銘曰

　　　德祖復爺　家學有源
　　　寒老是師　不貳其門
　　　展也君子　壽考令終
　　　惟玆吉隴　垂蔭無窮


　　　　　　　　　　　　甲子一九八四年　夏至節


## 弦齋申公墓碣銘 幷序

　吾友申君鉉稷　撰其六世祖弦齋公家狀　因與其冑孫聖澈　訪余于
漢上　責以公墓道之文　佑成　辭不獲　謹按狀而叙之曰　公諱應岳　字
宣伯　系出平山　高麗建國功臣壯節公諱崇謙　寔爲其鼻祖　自是　爲
一國之著姓　而其居密陽者　亦世有聞人焉　有諱季誠　世所稱松溪先
生　享禮林新山兩院　於公七代祖也　祖諱東顯　號梅竹堂　又以孝　享
中峰祠　考諱命胤　號望慕庵　亦以孝稱焉　妣昌寧成氏通政翰周女
性嚴有法度　公以肅宗丙申　生于中山里第　六歲而孤　受母夫人敎
克紹父祖之業　鄕老皆稱胤之有子　胤之　先公字也　配載寧李氏碩標
女　育五男三女　男國成國明國卿國生國馨　二女　適碧珍李弘伋靈山
辛致輔　國成男　廷駿廷憲出廷賢廷敏　女適李輝璞　國明男廷望廷直

女適李鍾穆李鳳臣李鳳俊　國卿無子　取伯兄子廷憲　爲嗣　國生男廷
秀廷翰廷弘廷一廷弼　女適辛碩武　國馨男廷鳳廷鶴　李弘伋男秀堅
實堅　辛致輔男碩林碩龍官正言碩佑碩喆　朴鼎裕男世望　內外孫男
總二十人　皆以雅士知名士友間　人皆謂公積德之報也　以正祖己亥
卒　墓西街亭案山丁坐原　夫人李氏祔焉　銘曰

      松翁厚蔭　梅祖清芬

      是望是慕　深體先君

      弦以揭號　厥志四方

      退修初服　蕙佩荷裳

      山林經濟　鄉黨儀章

      振振子姓　門戶以昌

      惟茲吉隴　百世之藏

      一片貞石　永闡幽光


甲子一九八四年　孟冬之月


## 漢城府左尹鐵城李公墓碣銘 幷序

　高麗氏之後半以降　執權者　轉變靡定　喪敗相續　而地方才俊　自
郡縣應舉　進出中央　成爲新興官人層　蓋吾邦士大夫家閥之成立　始
于此　若安東之權・順興之安・慶州之李　相繼以進　翱翔天衢　而鐵
城之李　其尤也　鐵城之李之始祖曰璜　譜牒　或稱其及第隱不仕　或
稱其爲密直副使戶部尚書　然　世遠不可考　且其子孫之墳墓　遠在河
東固城等地　其非開京世族　可知已　至諱尊庇　始用儒術　崛起南服

策命登朝　仕忠烈王　判密直司事監察大夫世子元賓　爲一代名臣　謚文僖　文僖之子　諱瑀　以材幹　歷使淮陽金海全晉二牧　所至有遺愛封鐵城君　其子諱嵓　號杏村　事忠宣忠肅忠惠忠穆忠定恭愍六朝　爲推誠守義同德贊化翊祚功臣壁上三韓三重大匡鐵城府院君　謚文貞文貞之子　諱岡　號平齋　官密直副使　恭愍時　出爲慶尙按廉使　値王南幸　竭蹶盡職　克濟時艱　早卒　特賜謚文敬焉　文敬之子　諱原　號容軒　朝鮮國初　位左議政　德量器局　爲柱石之臣　文章事業　輝映史策　鐵城之李之門戶　至是而爲一國之冠冕　而濟濟雲仍　亘百年而無替其休光矣　佑成　自少探究高麗史　每見李氏之記錄而欽仰其懿蹟嘗就容軒先生移葬之阡而銘諸石矣　己卯春　李敎授衡基　自釜山　訪佑成于北漢山下　出示其左尹公派譜及金石拓本一通而曰余容軒公二十世孫也　容軒公　有七男　第三子諱埕　漢城府左尹　乃余所蒙祖也　左尹公　葬在楊州飛論乫古介　而屢經兵亂　後裔遷徙　左尹公及子若孫三世遺墳　失傳久矣　往歲己巳　左尹公配貞夫人光州鄭氏之墓　出於飛論乫古介之一隅　乃我先世外孫朴鍾道氏之所發見而通報者也　不肖余　因是而周審同麓　遂得左尹公及長子諱準長孫諱英之塋域焉　左尹公墓　化爲平地　只有石床及兩石人　而不見碑碣　子若孫　幸保有石床石人及石碑　三世衣履之藏　明白無疑　其爲後裔之感愴　何如哉　顧以數百年無主之山　爲他人所侵占　異姓之塚　纍纍偪側　殆難仍置　於是　諸宗協議　爲改卜吉地之計　而名山未易入手　經營十數年　始得遷奉三世體魄于論山上月新忠之山庚坐甲向之原　玆山　卽左尹公十八世孫基鐸氏之先山也　崇祖敦宗　義無彼此　詢謀僉同　情誼兩洽　此亦莫非我先祖陰德之攸曁也　衡基說罷　請佑成以左尹公碣銘　佑成辭不獲已　據其家傳而敍之　公字自安　官漢城府左尹壽六十三　以子貴　贈資憲大夫左贊成　徐四佳居正　撰碑　略曰公莅事謹簡　多洽衆心　時人　以公輔期之　不幸遘疾　癈處幾十載　天佑仁

善 病竟得痊 世祖朝 累降別諭 授以漢城左尹云 二子 長諱準 淳
昌郡守 次諱則 檢詳舍人 吏曹參判 大司憲 兩湖及平安觀察使 謚
貞肅 郡守一子 諱英 縣監 貞肅一子 諱茁 武參判 餘繁不錄 銘曰

猗公家閥　粵自高麗
國賴忠藎　家傳孝悌
公之生兮　名父祖之繼
公之病兮　嗟鬼魅之睍
天佑仁善　雲霾竟其快霽
王曰汝來　授美爵以勸勵
旣謹且簡　本無忤於人世
蘊而不宣　永垂蔭於後裔


己卯一九九九年 孟夏之月



## 處士光山金公墓碣銘 幷序

金之光山氏 以新羅王子之後 歷高麗入朝鮮 子孫世貴 有三韓甲
族之稱 其在嶺南 居禮安縣之烏川者 尤以學行文艶 著 昔退陶李先
生 稱烏川多君子 後人 因稱烏川爲君子里 盖其所由來遠矣 往在顯
肅間 又有自烏川分派而奠居于聞韶郡之草田 簪組詩禮 蔚然爲鄉省
所推重者 至今二百五十餘年之久 信乎醴泉之源靈芝之根 非虛語也
余友金基赫敎授 草田人也 訪余于北漢山下 出以家錄一通 示余 請
爲其九代祖考旺山公 作墓道之文 盖以草田之別自爲門閭 實由公而
始 不可無表蹟也 余不敢辭 謹據家錄而叙之 公 諱命璣 字希瑞 旺

山其號也　六代祖諱孝盧　號聾叟　成均生員　戊午士禍後　隱不仕　贈
吏曹參判　五代祖諱緣　號雲巖　江原觀察使　其歿也　晦齋李先生　爲
文以祭　標以忠孝正直　高祖諱富儀　號挹淸亭　退陶門人　成均生員
曾祖諱垓　號近始齋　早承家學　有重望　伯父後彫堂公　率養以托後事
壬辰之亂　倡義擊賊　歿於慶州陣中　贈吏曹判書兩館大提學　祖諱光
岳　號野逸齋　遊鄭寒岡張旅軒兩先生門　仁祖丙子　與伯兄梅園公　率
義旅　至嶺下　聞南漢和議之成　遂歸隱淸凉山中　考諱碈　號竹庄　務
功郎　自少鞠於聞韶山雲之外第　因家焉　外祖卽工曹判書李公民宏也
配安人安東權氏都事賓之女　生二男三女　長命賢　公其次也　公以仁
祖乙酉生　天性穎敏　就星州巨儒都公□□學　都公　妻以姪女　孜孜獎
進　不幸短命　以顯宗壬子卒　得年僅二十八　嗚乎惜哉　都公　親擇兆
域　葬于廣峴求壽谷艮坐原　又爲遺孤　卜地以居之　曰此名基也　他日
可見門戶之昌盛也　卽今之草田也　一子壆　號石澗　孫泰元　號希翁
震元　號鶴皐　皆通德郎　復元　號龜巖　都護府使　李判書家煥　撰墓銘
後贈嘉善大夫軍務協辦　曾孫煡陸坊玉珏里　泰元出　墪塾墊　震元出
壤　復元出　子孫之參科第者　凡十人　而繁不盡錄焉　銘曰


    聞韶別有君子里　滾滾源流自鳥川
    名基云是召文址　天藏地秘待來賢
    公之生兮膺此運　又得良師與周旋
    時人莫歎公早世　公爲後承漑其根
    不食之報無有盡　令子哲孫聲相連
    廣峴咫尺幽宅古　吉人福地餘慶縣
    我銘匪諛只紀實　用此指向新千年


己卯一九九九年　仲冬之月

## 密城朴氏祭壇碑銘 幷序

吾邦之禮俗　肇自神市　至三國中葉而一變　由佛教之流行而舉世
靡然奉其法也　歷羅麗　至漢陽初葉而又一變　由朝家之抑佛崇儒　朱
子家禮　大行於域中也　自是以來　文質彬彬　號爲禮義之國　然　上下
四五百載間　繁文苛節　日益滋蔓　國以病焉　逮夫西勢東漸　宇內波
盪　目視耳聽者　無一不與疇昔判異　則凡民之養送婚嫁　以至日常行
爲　雖欲墨守舊規　有不可得焉　蓋吾邦禮俗　自神而佛　自佛而儒　至
于今日而又不免一變也　此亦天地自然之勢之有不容遏者耶　密城之
朴　國之大族也　其在本貫者　亦甚蕃衍　有靖國君葳　以勳勞顯於麗
末　後十世至處士諱陽復　有三子　長修敏　次時敏　又其次處敏　其子
孫　世居郡西之堂斗里　故　鄕稱堂斗朴氏　余所善定鎬甫　以斂宗之
意　來言於余　曰我先世墳墓　散在各處　賴門父老　每歲省掃惟謹　今
父老凋喪　子弟輩　舉皆就食都市　歲時奠薦　亦難保其無闕　則豈非
大可憂慮者耶　玆就故里先齋之傍　築一大祭壇　每於秋冬之交　自處
士公以下　三派祖先　並合享焉　自今以後　子孫之縻職在外者　只消
一日　得以參列於累世祖先之奠薦矣　此固禮之變者　乃若其情則君
子或有取焉　望吾子　無惜爲一文　以叙其事　俾刻之石面　永示後人
也　余爲之太息　曰禮出於情　禮之可變者　節文儀式耳　于變之中而
有終不能變者　情也　因情起義　則時之制事之宜　可以爲禮　而古人
所謂無於禮之禮　是也　庸可得已乎　因爲之銘曰

　　新羅王孫密城氏　餘慶長在積累中
　　靖國十世有處士　鄕黨休休長者風
　　三昆弟生門戶大　堂斗花樹春無終
　　世運遷轉夕異朝　況復耆舊日漸凋

濟濟雲仍去糜職　松楸閭里還蕭條

一歲一會薦香火　有壇峨峨特地高

儀式雖變情斯禮　此義無待我舌饒


丙辰一九七六年　元月下旬


## 勉窩處士碧珍李公墓碣銘 幷序

星州　爲嶺南人材之府　而碧珍之李　居其多　李氏　自上祖碧珍將
軍念言以後　或以華國之才　鳴其詩文　或以高世之節　匡扶名敎者
亘麗韓而不絶　降至叔季　世道大變　而好學篤行　流愷悌於鄕黨者
不乏其人焉　若近故處士勉窩先生諱德厚字景載　其尤也　先生　詞學
夙就　年十六　遊禮安之甥館　與諸長老　泛于洛　有大野初晴芳草雨
長江欲暮落花風之句　愼庵李公晚愨　大加歎賞　謂有唐人口氣　寒洲
李先生震相　倡心學　大開講席　先生　以鄕中後進　贄以請業　同門如
郭俛宇鍾錫李弘窩斗勳諸君子　莫不忘形交歡　開港以來　士習漸壞
先生　居父母喪　一遵家禮　引見後生　每惓惓以儒者道理爲敎　律己
甚嚴　而御下接物　主寬厚　東學敎徒之起　人家奴僕　從而作亂　甚至
有虐殺其主者　先生　招集隷屬　問曰若輩何如　皆曰厚受恩澤　敢有
他心　願惟命之從云　國步益艱　京鄕有志者　結社爲救國運動　大韓
協會　其一也　星之人士　會于郡之鄕射堂　結成支部　金公昌淑　爲總
務　而推先生爲之長　先生　慨然應之　及國亡　倭虐日劇　在域內者
惴惴若不保朝夕　惟我民之僑寓外地者　頗多　稍可藉手　先生　從李
剛齋承熙　越海　至露領之海蔘威　與張公志淵相見　盖欲有所籌劃也
時　張公　方主海潮新聞之筆　而爲奸小輩所排軋　將撤其所事　發向

上海 先生 見不可與有爲 長歎而歸 至己未萬歲聲作 儒林密議 將
赴訴于萬國會議 求我獨立 郭俛宇徵君 草長書 因聯名于其下 世
所稱巴里長書也 未幾 先生 與俛宇諸公 逮繫于大邱獄 主獄者 以
先生對卞 白直無隱 屢稱讀書人 旣放還 乃屏處于村舍 改號樵隱
將前日所著文稿 盡焚之 日與山翁野叟 談桑麻 以終餘年 此先生
平生之大槪也 先生 世居楡谷里 楡谷之名 肇于山花先生諱堅幹
後十世而至浣石亭先生諱彦英 益大其門戶 先生 乃其十世孫也 曾
祖 諱存永 號堯山 祖諱 致模 號陶西 考諱 萬洙 號遯庵 俱以文
行 世其家 妣玉山張氏學魯女 淸州鄭氏老永女 先生 張氏出也 生
哲宗乙卯十二月十五日 歿以丁卯六月二十四日 享年七十三 配眞
城李氏退陶先生后晚協女 擧三男一女 男 愚元愚正愚弼 女 善山
金正黙 愚元三男 宗基定基寀基 愚正四男 完基寅基宰基寬基 愚
弼一男 容基 先生墓在陶山村左負庚之原 夫人祔之 曾孫鍾雄 以
諸父之命 將豎墓碣 請銘於佑成 佑成 謹撫其遺事 敍之如右 因爲
之銘曰


 行藏時異 在我者同
 猗玆陶丘 碩人之宮


甲寅一九七四年 陽七月


## 士窩河公墓碣銘 幷序


嶺之右 門族之盛 莫如晉陽之河 而河姓之中 丹牧士谷安溪三氏
尤著焉 安溪氏 出自高麗司直公諱珍 入朝鮮 有文孝公諱演大司諫

諱潔兄弟　潔之後　又有謙齋諱弘度樂窩諱弘達兄弟　簪纓文翰　照耀
鄉邦　樂窩之子諱澈　師事伯父謙齋　傳山海敬義之學　嶺右士　稱雪
牕先生焉　余所善河君有楫　雪牕十一代孫也　嘗與其叔父泰鎰　過泮
學　爲余道其家世　曰高王考　諱應魯號尼谷　曾王考　諱載圖號士窩
王考　諱禹善號澹軒　三世俱有士林望　尼谷公　有文集行于世　士窩
澹軒遺藁　並將次第刊行　且其事行　已有諸君子撰述　而獨士窩府君
墓道之文　未有所屬筆　敢以是請於子　余謹按其狀　尼谷公　娶文化
柳春永女　以高宗己巳九月　生公于安溪里第　幼而眉目淸秀　舉止閒
雅　稍長　業文　有聲譽　人皆謂河氏有子矣　盖旣因其姓而名以載圖
及冠而字之曰希文　意有在也　顧公以世亂國衰　早謝場屋　自號曰士
窩　在家盡子弟之職　母夫人嘗患疽　濱於危　公朝夕吮之　得瘳　壽至
八耋　兩親之喪　泣血以終制　處鄉黨　信義交孚　儒林有事　必待公而
定　與士谷河晦峰謙鎭河栢村鳳壽諸公　爲道義交　諸公築晚修堂于
潮溪江上　爲晚年藏修之所　而公實爲之先後焉　以辛未十一月　考終
于寢　享年六十三　葬尋芳村後亥坐原　配江陵金會卿女　舉二男二女
男禹善謙善　女適朴洛鍾趙鏞完　禹善男泰九泰鎰　謙善男泰孝泰洪
泰崙泰植　泰九男有楫　嗚乎　公生當國末　沒身于畎畝　而跡其一生
篤倫常而親經籍　慨世道而眷斯文　眞可謂淑世耆德長者　晉陽人編
州誌　特著公于儒行　亦可見公議之不泯也哉　銘曰


　　　吾嘗溯河之源　派流漫于厚坤

　　　惟安溪別一村　公寅降于是門

　　　標以士似自尊　守其志踐其言

　　　値大界之陷沒　非疇昔之日月

　　　河之圖不復出　公所載是何物

　　　厭梔蠟之紛紜　卷而歸之九原

父尼谷子澹軒 有不朽者長存

庚申一九八〇年 孟夏之月


## 錦崖安公墓碣銘 幷序

佑成 與安君秉度 有素 今年春 其伯氏秉權 以七旬病軀 訪佑成
於北漢山下 出家狀一通 曰此吾曾組錦崖公狀而吾王考所撰也 今
不肖兄弟 將竪碣于墓 子其按狀而銘之 佑成 義不敢辭 謹爲之敍
曰公諱仁遠 字謹先 其先廣州人 廣州之安之奠居于密陽者 有金浦
鈒浦二氏之別 鄕中 數家世黎獻之舊 必推二氏而莫上下焉 金浦氏
自苔巒公諱覯 受業于佔畢齋金文忠公 歿而爲鄕先生 錄於鄕案以
來 世有名碩 如玉川先生諱餘慶 樂園公諱璹父子 或以禮學 或以
淸操 大爲寒岡愚伏諸先生之所推詡 降至冷窩公諱景漸 遊星湖李
先生門 官止禮曹佐郎 而文學行誼 爲士林之望 公卽其曾孫也 祖
諱珹重 考諱孝春 妣廣州金氏敬權女九峰守訒後 公以純廟壬申三
月三十日生 幼失怙恃 長於祖母碧珍李氏 李氏 謹嚴有法度 善敎
養 公天賦粹美 甫弱冠 攻文藝有聲 然少恬淡 無汲汲進取意 居祖
母喪畢 卽搬移于府東錦溪里 爲優遊讀書之計 其號錦崖 以此也
就前溪上 縛數椽茅亭 有詩 曰隙地經營告訖工 長長短短半橫空
非繩非墨詢謀叶 爰處爰居與衆同 乘興登臨先得月 披襟俯仰便生
風 悠然一榻淸凉足 不畏炎天火氣烘 取先儒箴銘 圖揭壁上 以資
朝夕觀省 敎里中子弟 倣古規 每月朔望 行考講之法 見學者有躐
等之弊 每引退溪先生耘草詩捷者留根煩再拔不如遲者盡初時之句
以戒之 御家接人 主寬厚 嘗曰吾於忍之一字 用工最苦 忍也者 持

心處事之要諦也　奉先追孝　以至敦宗睦族　出於至性　到老不弛　晚
寓府南西田　與故庄間一嶺　每値正朝　展謁丘壟　周訪族親　歲以爲
常　平生無閑出入　又不事交謁　獨嘗以冷窩公遺集請序事　往見性齋
許文憲公　時許公　行鄕飮酒禮　一見公　以賓禮待之云　以高宗丁丑
正月二十三日卒　享年六十六　葬某山某坐原　配淸州宋氏瑗女密城
朴氏志淳女龍城宋氏定奎女　生一男彥昭　彥昭生一男二女　男庚洙
女適李性憲曺鳳琪　庚洙男秉權秉琪秉度　李男啓白　曺男圭龍　銘曰


　　錦之水　逝不休
　　公之名　與同流


癸酉一九九三　五月


## 由軒安公墓碣銘 幷序

　　往在己卯春　密州人士　會于退里之西皐精舍　修禊事也　佑成　甫
成童　方讀書于精舍　見諸公巡盃落筆　風流迭宕　而是日　由軒安公
詩　有壓卷之稱　佑成　於稠人中　覷安公　儀表軒潔　談吐有韻　令人
起敬　其後　知安公　少嘗學於吾先子　吾先子遺集　有贈安公五言古
詩一章　寄意勤摯　佑成　於是竊中心藏之　自是以還　世故多端　長老
彫謝　雖間有禊飮　而風惊不古　佑成　年長食貧　亦求職轉徙都市　役
役乾沒者　四十載　賴憶西皐時　以爲感況　而且能記得安公詩　時時
諷詠於心　今年三月　安君秉善　奉其大人翁　過佑成於泮學　出行狀
一通　請以先墓文字　視其狀　諱鍾瑢　字舜克　其號卽由軒也　佑成
驚而起　因道昔事而講先誼　且問公文稿何若　秉善未及對　其大人翁

愀然曰　吾先人　平日　未嘗以作家自處　所作　任其散佚　吾不肖　僅
收得詩文若干篇　釐爲一冊　不日將上梓矣　竊欲趁此時　並具牲石
吾以八十老軀　躬訪吾子　子其諒之　佑成　辭不獲　謹按公先世　本廣
州人　高麗大將軍諱邦傑　其始祖也　至漢陽初葉　有諱處善　慶尙監
司　生諱淹慶　戶曹參判　號遁翁　是生諱億壽　禮安縣監　號休軒　自
咸安移居密州　從佔畢齋金先生遊　子孫因爲密州人　有諱胤祖　部長
號慕濂堂　生諱守寬　主簿　號聞松　生諱克緒　正郎　寔公十世祖也
高祖　諱景鑌　曾祖　諱啓重　祖　諱孝淳　號浦窩　考　諱奎遠　號琴皐
世有隱德不仕　妣　廣州金氏處士元奎女　九峰守訒後　公　以高宗庚
辰十二月初九日　生于鈒浦里第　以戊子五月初七日　卒于琴湖寓庄
享年六十九　初　權葬鶴洞　尋改葬龍北後麓卯坐原　配　安東孫氏參
書亮熏女　格齋肇瑞後　生辛巳　卒癸亥　墓在含霞谷內麓壬坐原　二
男　喜洙昌洙　四女　適李壽寬金瑾永金大容黃石龍　喜洙　男秉善秉
友秉焄　昌洙　男秉植秉禧相吉　外孫　總十數人　銘曰

昔公少日當科期　海路千里赴京師
夜到仁川風大起　可憐艄工失所之
舟中忽遍號哭聲　洪濤巨浪崩如城
公獨怡然坐達曙　倚帆一笑天宇晴
昌原監署爲主事　風采言論壓僚吏
飄然棄歸乙巳歲　六等官職同弊屣
鈒浦花樹舊門戶　琴湖烟月新田圃
公生樂有賢父兄　有子有孫更接武
漢陽之社周以屋　卅六年後稱光復
公遽乘化不少須　半壁河山任逐鹿
獨我惆悵望天東　鄉間無復老成風

感今懷古有此作　長使一片貞石護幽宮

戊午一九七八年　五月

## 遜庵安公墓碣銘　并序

安丈右煥　過佑成　講世誼　因泫然曰吾先人之沒也　先公　方居親
喪　而曳衰來哭　今吾先人之丘木逾抱　而先公之棄世　且十易寒暑矣
欲乞一文　以表我先人墓道　則今日　捨吾子其誰　佑成兒時　嘗一再
承公顏　且嘗聞昔者深齋曺仲謹先生館于吾家　我一亭伯父　及退修
再從大父　相與肄業　時　農西安公厦鎭　間相過從　互酬迭唱　而公與
我先考　以年少後進　與之俱焉　在今日變動不居之世界　而念疇昔兩
家父兄道義之相尙而風流文雅之交映　爲其子弟者　烏敢忘諸　按公
諱秉鉉　字允弼　號遜庵　本廣州人　高麗大將軍諱邦傑　其鼻祖也　朝
鮮初葉　有諱覲　號苔巒　官司諫　奠居于密陽金浦里　子孫因爲密陽
人　中世　有諱玧　官副正　著家禮附贅　是爲五休子先生　公乃其十一
代胄孫也　高祖諱孝善　號琴嘯窩　曾祖諱復遠　祖諱彥彪　考諱尙鎭
號竹我　妣碧珍李氏英一女　無育　長水黃氏琮顯女　以前韓高宗己丑
生公于林皐亭之寓舍　九歲還故里　天性峻直　自幼遊嬉　爲群兒所畏
憚　及長　行己處事　一任衷赤　自事親奉先　以至于宗族鄕黨　凡事在
當爲者　總自擔焉　竹我公　患惡瘇　公　朝夕吮之　及遭故　哀毀逾制
嘗遷奉親塋于鰲山　鰲山人　有藉勢起訟者　公挺身應之　直言抗辯
事遂已　咸安松川　有賜牌地　在先阡下　有趙姓人　詐造文書　圖占其
沼澤　公屢赴法廷　狀文成軸　竟得還完　金浦茅亭山　及退老平山兩
處先塋　俱爲水利之役所犯　公奮袂上京　叫冤于當路　遂免侵掘　修

花樹契　每歲穀雨日　輪會宗族　以致敦好　因與諸宗　重建伽倻之蓬
山齋　又重建松川之敬思齋　作文以記之　鄉有禮林齋　祀先賢　又有
育英蓮桂二所　古留鄉所之遺也　任事者　疎於經理　困於負債　鄉士
之會　將無以支供　公被衆推　掌其財　不數月　而刷新簿券　燕饗有給
士氣從以復振焉　倭帝之末　爲政日苛　人咸屏息　一夢李壽澤　志士
也　自滿洲搬入爆藥　潛伏密陽　圖破重要官署　爲偵察者所追　迫急
公少無疑懼　爲之周旋其所　又令家人製喪服一具　衣之　使得避出
聞者謂公一身都是膽也　以己卯六月十五日　病卒于家　享年僅
五十一　葬茅亭山先兆下面午原　配密城朴氏馨穆女　後公三年辛巳
卒　墓祔　育一男二女　男右煥　女適碧珍李石中驪州李宗衡　右煥生
二男五女　男在宇在億　女適昌寧成喆慶碧珍李斗淇昌寧張烔杓平山
申喜榮　餘未行　嗚乎　公畢生于畎畝　其事行之可表見于世者　固難
免寂寥而止此　然　是豈公之責　又豈公一人之遺憾而已耶　銘曰


　　　懷抱利器　未試盤錯
　　　有膽輪囷　甘守寂寞
　　　千秋萬歲　安此洞壑


辛酉一九八一年　秀葽之節


月下一善金公墓碣銘 并序


金之貫一善者　爲吾南大姓　而其居居昌者　亦蕃而昌　佑成　遊歷
江右　所與交　多一善氏　而尤與金泰淳彩潤伯季善　伯也　醫林翹楚
開院于鄉邑　廣施仁術　而季以文學博士　講社會學於京師大學　蔚有

聲譽焉 歲甲子夏 佑成 校牧民心書于安陰 伯季 聯襟而至 歡然道
舊 因從容言曰 吾先人之棄世 將近四十載 而尙闕墓道之文 子無
惜爲我撰其銘若序 佑成 不敢辭 隒梧其家錄而叙之 公 諱鍾達 初
諱鍾明 字景裕 月下其號也 一善氏之始祖曰順忠公 諱宣弓 羅末
麗初 以地方豪族 歸王太祖 大有功于民社 麗季 有諱光偉 良醞令
始以明法業科出身 免鄉役 登公朝 四傳至諱義南 與佔畢齋先生
爲緦服之親 而不樂仕進 因季氏之出宰 挈家徙居昌 此入居昌之始
也 其後 歷萬戶諱麟瑞校尉諱守宗主簿諱俊奉事諱彭老縣監諱龜祥
至諱致九 號草廬 以學德稱 寔公之高祖也 曾祖 諱塾 號龜岩 祖
諱應哲 有孝行 考 諱洪基 號樵隱 妣 河濱李氏東默女 陽川崔氏
升彩女 公 以光武乙巳七月十二日生 崔氏出也 自幼 骨貌淸秀 性
度溫雅 承順父母 少無子弟過 及上學 潛心究解 不得不措 同儕
皆稱以莫及 弱冠 有能詩名 苟齋鄭寢郞公 見其所作菊花詩 歎賞
以爲有晚唐風韻 其爲長老所期許 可知也 癸亥 丁先公憂 哀毀踰
常 家間冗務 絶不掛慮 力求葬地 三遷乃安 見者無不嘖嘖以爲難
甲申 從姪淑 夭逝 賢而有門戶望者也 公 深爲痛悼 整理先世以來
三友契案 俾存其舊 乙酉冬 會宗黨 首先返納宗家垈地 以備異日
宗堂之刱建焉 丙戌正月五日 卒 得年僅四十二 葬田治谷艮坐原
配恩津林氏載相女 生二男四女 男 卽泰淳彩潤也 女 適延安李震
永李信永東萊鄭斗錫星州李志相 泰淳男 東賢東完東彦東君 女□
□□ 彩潤男 東俊 女□□□ 餘 繁不錄 嗚乎 公 早當幹蠱 未克
大肆力于文學 而其詩超逸 無村學究口氣 平居 無崖異之行而敏於
事爲 有經濟之材而善於施與 嘗曰禮以御家 和以接人 讓以處身
順以應物 庶幾爲涉世寡過之道矣 夷考其行 可見其實有所事而非
虛言也 以故 內而宗黨 有支柱之倚重 外而鄉社 有善士之令聞 不
幸天嗇其壽 遽中身而歿 可惜也已 銘曰

天道福善公早世　公爲後承漑根柢

二子蒼鬱拂雲枝　不食之報其在斯

猗玆吉壟蔭長垂


丙寅一九八六年　穀雨節


## 孝子忠州石公事績碑

吾州　爲江左聲名文物之鄕　而究其實　槪皆樸素爲質而篤於倫常
尤以孝烈著　往時　觀民風錄地誌者　累書不一書焉　顧人亡世遠　物
換境遷　事蹟多有堙晦者　是可慨也已　郡之西　有馬屹里　石之忠州
氏　世居焉　忠州氏之老曰東谷翁宇禎　間嘗與前浦安丈相洙　訪佑成
於太學　出示其傍祖孝子石公遺事　因請以一文　佑成　辭不獲已　檃
括其遺事而敍之　公　諱守道　初諱天尹　字粹然　號素庵　高麗藥城君
諱隣　寔其鼻祖　而朝鮮燕山時史議諱成玉　則其入鄕祖也　有諱擎天
進士參奉　生諱汝信　號雲圃　聯疏卞寒岡鄭先生誣　公之高祖也　曾
祖諱乾軏　金井察訪　祖諱東柱　考諱萬元　妣慶州金禮中女　公　生於
肅宗丙子　沒以英祖丙戌　配月城崔時泰女　無育　以從姪重明子之
公　有至行　事二親　盡志體之養　前後喪　廬墓　自朝家復戶　所居　至
今有侍墓山復戶谷之名云　公之在病席也　醫者　勸以酒和藥而服　時
國有禁酒令　公　却不飮　竟以是終　君子或疑其過於淳愨　而聖人所
謂觀過知仁者　非耶　松窩安先生命夏　吾鄕名碩也　爲公作素庵說
又有唱酬詩　其後　紫雲李公宜翰　草邑志　亦書公事　然　子孫零替
未克闡揚　近世鄕人薛昞道　就公居地　竪一小碑　碑在大路邊　歲且

久　風雨侵磨　傍裔石準規石鎭言石龍均諸人　爲之建閣而庇之　別治
一石　將以紀其顚末而旌公之事蹟焉　嗚乎　擧世趨利　唯物是崇　迺
諸人者之爲此　有足以驗秉彝之天之終不泯也　則公之至行　亦將與
秉彝之天而同其不泯矣　更有何說以贅爲

戊辰一九八八年　季春之月


## 友泉河公墓碣銘 幷序

　　晉陽　爲嶺南巨邑　多世族古家　而士谷之河　尤以文艶稱　佑成少
時　聞長者言　今河氏　文有晦峯　富有友泉　盖晦峯翁　以儒林耆德
儀表東南　而友泉公　樂善好義　眷宗邦心疇人　以盡力於興學育英
及乙酉光復　未幾而過晉陽　則晦峯翁　時已襄樹　而友泉公　亦適出
外　未獲登門而歸　其後卅載　與友泉公哲嗣錫根　相識於京師　因與
爲友　而見屬以公墓道之文　則佑成烏敢以不文辭哉　公諱泳珍　字汝
玉　友泉其號也　始祖諱拱辰　以高麗忠臣　名於世　中古　有松亭先生
諱受一　私淑南冥　享大覺祠　寔公十二世祖也　高祖諱啓賢　號黙窩
曾祖諱聖運　號忍齋　祖諱載崑　繕工假監役　考諱世鎭　成均進士　歷
世皆有厚德仁聞　妣海州鄭氏忠毅公文孚後監察煥敎女　有壺範　公
以高宗丙申生　十歲喪父　以母夫人命　受學于晦峯翁　己未因山日
公與同郡許公萬正　在漢城　目見萬歲運動　卽與謀所以籌備獨立　而
揆以時勢　宜莫如養成人材　乃攜手而歸　倡議募財　將立一高等學校
而爲外人所掣　改爲女學校　邀白解慍南薰　爲校長　今晉州女子高校
是也　旣又與當時富豪李鍾萬　合力刱南友學院于漢城　嗣後稍擴而
張　晩更得妹婿趙公洪濟同事　展拓基址　卽今之培明高校也　先是心
山金公昌淑　携儒林長書　將赴巴里會議　訴我獨立　而其費甚鉅　公

爲出兼金以助之　而未嘗向人說其事　人益高之　自光復後　見時事日
非　撤京寓還故庄　又經庚寅之亂　公益倦焉　乃專意尊祖報本　改修
先墓　完具石儀　又與諸宗族議　就晉陽城中　建忠義堂及景忠祠　祀
始祖　此公平生大槪也　以丙午八月十九日歿　享年七十一　葬大泉九
台東山庚坐原　配廣州李氏祥容女　崇德齋潤慶後也　柔順貞靜　配君
子無違德　墓士谷村後西麓亥坐　一子錫根　克紹家業　錫根男炳吉炳
薰炳滉炳徹　銘曰


　　　所友泉石　富而淸也
　　　一生爲善　不求名也
　　　存旣順者　沒而寧也


戊午一九七八年　九月


## 玉山全公墓碣銘 并序


　　佑成　嘗編密陽誌　見鄕中姓氏之集居一村　自成門戶　儒雅相尙者
比鄰而相望　而考其世系　則其先　必有賢哲長德　爲之奠定其基礎而
啓發其後承也　府南之西田全氏　亦其例也　全氏　本旌善君諱愃後
高麗神宗朝　有諱永齡　以功　食采于玉山　子孫仍貫焉　玉山　今慶山
也　其入密陽　自朝鮮端宗時成均生員蔭參奉諱世卿始　盖當端宗遜
位　不樂仕進　挈家南下　遯居于西田里　與江湖金先生叔滋　爲道義
交　其曾孫　諱抑己　號秋坡　有士林望　當壬辰亂　避地于靑梟　亂定
還鄕　與孫螯漢起陽朴慕軒陽春安五休玩諸公　重修佔畢齋金先生鄕
約　更整鄕案　振起士風　鄕人　至今頌其德焉　今西田之全　皆其後也

日者 全君秉淵 訪佑成於漢南寓舍 致其伯氏秉淳之意 請余銘其先
公墓 余未嘗承公顔 玆據河友漢植所草公行錄而書之 公 諱澈浩
字士賢 秋坡先生十世孫也 五世祖諱昌德 號耕隱 曾祖諱仁牧 祖
諱景秀 號晚悔 考諱錫太 妣清州宋在晢女 公 以前韓高宗甲辰八
月二十九日生 天性溫厚 形貌端正 自幼 舉止凝重如成人 及長 受
業于叔父枕泉公錫允 凡洒掃應對之節 着實履行 枕泉公 甚愛之
己未後 西潮洋溢 公隨從兄璋浩赴京 欲就新學 旋以大人公命 歸
家 修子弟職 謹守古規 大人公歿 葬祭儀節 一遵家禮 三年畢 買
屋於漢城 奉母夫人就居 爲子弟敎育故也 自是 公 往來京鄕間 不
落文華之眼目 又不失儒家本色 丁茶山先生所謂士大夫家法 公其
有之矣 及遭母夫人喪 返葬故山 因居本第 守制甚嚴 一如前喪 平
生持身謹愼 政家勤儉 而處族戚接賓友 未嘗見吝嗇 先墓儀物 無
不畢具 次子秉淵 作法官 每戒以公正廉潔 今秉淵之知名士友間者
實出於義方訓導之力也 以庚戌正月二日卒 享年六十七 葬西田銅
山辛坐原 配密城朴漢寔女 慕先齋堅后 生辛丑六月十二日 歿戊辰
三月十七日 墓祔 育三男一女 男秉淳秉淵秉稷 女適權寧迪 秉淳
男盛煥錡煥章煥 女朴政學趙顯權 秉淵 男文煥世煥 女金漢秀朴佑
珍 秉稷 男相俊 女崔光煥 一未行 權男承右承贊 餘不錄 銘曰


有祖先兮垂吉祥 有子孫兮期顯揚
存順沒寧兮 有何傷 樂斯丘兮保無疆


戊辰一九八八年 孟秋之月

## 故韓國判事碧珍李公墓碣銘 并序

今嶺南大學校總長李寅基博士 言於佑成曰 吾伯氏老且病 吾以
伯氏意 將豎吾先三世墓碣 子旣銘吾王考矣 因而銘吾先考 可也
其後連書促之 曰吾已令姪兒鍾雄 伐石以待 子銘何遲 佑成 於博
士 有通家之好 兼有師弟之誼 不敢以不文 辭 謹爲之叙 曰公諱愚
正 字夢叔 李之碧珍氏 著自麗初 亘千餘年 爲星州之名族 曾祖
諱致模 號陶西 祖諱萬洙 號遯庵 考諱德厚 號勉窩 俱有士林望
妣眞城李氏退溪先生后晚協女 公以高宗十七年庚辰八月二十八日
生於檜谷里第 及長 才氣出凡 年十二 赴鄕試 居魁 筆力遒勁 弘
窩李公斗勳 命其別號曰可石 爲其可以追韓石峰也 癸卯 筮仕 爲
郵遞司主事 歷任水原元山等地 嘗著郵務擴張論 有曰 苟能擴之
則盈科之水 可以到海 苟能張之 則鈞弩之矢 可以排雲 盖其時 國
家多事 名爲更張 而左牽右掣 不克有所施爲 故公有此論也 丁未
就學于法官養成所 旣卒業 任安東裁判所判事 居官廉潔 聽訟一以
公正爲主 士友多稱頌 然 纔一年而國社周屋 倭人爲政 公以家貧
親老 電勉在職 恒悒悒然不樂 後嘗轉任於忠州 而旋卽棄去 復歸
安東 開辯護士業 盖欲以在野法曹之人 扶護我同胞之權利也 自此
滯寓安東 爲三十年 倭政之下 我民之被抑壓冤枉者 多賴公以救解
安東人 至今誦公之言行不置 良有以也 庚寅亂後 自安東還故里
以丙申十一月三日 考終于寢 享年七十七 配晉陽姜氏弘文館侍讀
蕙社遠馨之女 擧四男一女 男完基寅基宰基寬基 女豊山柳時灌
完基二男五女 男鍾一鍾雄 女金□□異完一李達煥金鉉洙李萬烈
寅基四女 李德鏞玄在天 餘未出 宰基二男 鍾大鍾達 柳時灌三男
安石宗夏容夏 公墓 在陶山村左負庚之原 從先兆也 銘曰

於邮於法　可兼吏隱之名
有子有孫　不墜古家之聲


甲寅一九七四年 七月


## 晚翠密城朴公墓碣銘 并序

歲甲子春　佑成　暫歸鄉里　再從姑夫朴笑堂翁　過之　曰子不欲銘吾
先人墓耶　吾先人在世時　子尙年少　似應有未悉者　茲有漆溪崔公鍾
應所撰行狀　可按而知也　佑成　謹就其狀而撮其要　又參以曾所見聞
者而叙之　曰公　諱炳穆　字舜直　晚翠其自號也　朴之貫密城　肇自羅
代　至麗季　有諱翊　官禮部侍郎　國亡自靖　謚忠肅　世所稱松隱先生
也　生諱昭　號忍堂　仕鮮初　知安陰縣事　至曾孫諱守堅　學于佔畢金
先生　以孝聞　四傳至諱篪　號安分堂　師事孫鰲漢先生　與趙澗松任道
蔣釣耕文益諸賢　爲道義交　公　卽其十世孫也　曾祖　諱世瓘　祖　諱良
慶　考　諱漢章　妣　廣州安朋遠女　本生考　諱漢俊　妣　晉陽姜晚馨女
公　以高宗癸酉九月十九日生　自幼　凝重如成人　及長　事所後父母
一意承順　少無子弟過　間嘗負笈于昌山之於陵　爲長老所期望焉　嘗
薦爲本府社稷祭大祝之任　趙侯鍾緒　見祝文　作色　曰府已改郡而猶
襲府號　何也　公　徐以前曰侯之下車　久矣　盍早改祠版　乃歸咎於寫
祝者乎　侯　斂容謝之　其後　屢以書致慇懃　而公一未嘗入官門　盖公
生當國末　早有所見　不欲染跡於名利之場也　嘗曰　士不務實　讀書萬
卷　究何益矣　是以　公之一生　篤倫常而重實事　其奉先也　每遇諱日
魚肉果品　躬自點檢　盡其如在之誠　其居喪也　哀毀逾常　而衰絰未嘗
去身　足跡未嘗出里閈　其處族也　務以敦睦　而尤盡心於疾病患難之

碑碣 197

時　遇有事　辨析其義理之當否而措置得宜　使宗黨倚而爲重　其理家
也　窮勤節儉　量入爲出　家計裕如　而紈綺之屬　膏粱之珍　未嘗近於
口體　至於聲樂博奕卜筮之類　痛拒而深絶之　曾建齋舍於先壠下　扁
以永慕　多畜古書　兼爲肄業之所　戒子孫無怠於學　有詩　曰莫使山虧
簣　須令井及泉　亦可見其承先牖後之猷謨也　所居大項里　在華岳山
下　公　愛其泉石　優遊而卒歲　當時撰嶠南誌者　特載其事　畫師金殷
鎬　京中名人也　爲寫公眞影　而春沙李參判炳觀作贊　曰隆其額　炯其
瞳　望若商翁　可謂善形容也　庚辰正月　以六十八歲　終于寢　葬嶺南
山向未之阡　配瑞興金以東女寒暄先生后　生三男　長熙秉　卽笑堂翁
也　次熙玉熙澈　二女　李龍錫崔長永　熙秉男　定基洪基　女柳時復□
□□　熙玉男　彰基永基　熙澈女□□□□□□　餘繁不錄　系之以銘曰

嗟吾記昔公葬時　吾父爲公寫輓詩
眞心實業有中籌　沈確通明識慮周
此語頌公非溢辭　小子今日何贅爲
有崇五尺南山阡　永護幽宮千百年

丙寅一九八六年　穀雨節


## 槿坡安公墓碣銘　幷序

咸安柒北　有廣州安氏庄　往者　希齋安公　好學篤行　有文集　佑成
少嘗奉覽　至今猶記其卷頭有河晦峰先生序文　備述其師友門庭之懿
今年初　安君明洙　訪佑成於漢上　袖出其先考槿坡公狀草　因請墓道
之文　佑成　視其狀　始知槿坡公以希齋族弟　自幼受業其門　亦嘗執

贄于晦峰先生　篤守弟子禮焉　閱數月　明洙　又以其新刊槿坡詩文五
册　送致余所　詩有聲調　文亦疏爽而達於理　於是　益信安氏之文艷
有足以稱揚於江鄉間也　公諱鍾禧　字吉夫　安氏　以高麗大將軍諱邦
傑　爲始祖　邦傑　以軍功　食菜于廣州　子孫因以爲貫　後世　徙咸安
安仁村　又徙柒原拜榮洞　有諱侹　號道谷　從寒岡鄭先生學　享泰陽
祠　寔公之十世祖也　曾祖諱麟重　祖諱孝貞　考諱龍遠　號棣窩　妣宜
寧南氏獻圭女　盆城裵氏永福女　昌原黃氏致乙女　公　以前韓高宗丙
申五月五日　生于拜榮里第　黃氏出也　希齋公　來見之曰　此兒眉目
淸秀　而古之孟嘗君文天祥　同降於是日　乳名　當呼以孟文也　及長
就希齋公課讀　未成童而遍通經傳　時　希齋公　築義學書堂　教授生
徒　每夏戰藝較勝負　衆　咸推公爲第一焉　戊午　希齋歿　公　與諸生
加痲　相嚮以哭　其後有年　往晉陽　拜晦峰函丈　呈詩曰　祥雲凝几案
霽月滿襟裾　洽被薰陶化　今行儘不虛　嘗言於人曰　吾邦性理論爭
亘數百載　浩汗支離　莫衷於一　今讀晦翁心爲子母說五篇　始渙然矣
盖於師門　心悅誠服也　自戊寅　流寓日東　丙戌　還國　直赴晉陽　操
文哭晦翁几筵　因以教育後進　爲己任　重開義學書堂　聚學子　授以
古典　遠近坌集　至不能容焉　歲且久　諸人者　爲公釀金　結一社曰會
補契　每歲　集會於義學書堂及馬山觀海亭　以資觀感焉　乙丑三月
二十一日　考終于寢　春秋九十　葬榮洞瓦谷卯坐　配密城孫氏止齋浩
榮女　墓瓦谷巽坐　擧二男一女　男亨洙明洙　女星山李浩範　亨洙嗣
子秉或　明洙三子　秉或出　秉武秉稷　曾孫璿佑　公　自號槿坡　以槿
爲國花故也　視腐儒念念在華夏　其亦有異也夫　銘曰


　　吾邦元是槿花鄉　此義遠自文昌侯
　　吾儒慕華積爲習　公則返本愛靑丘
　　平生好同槿花老　九十春光映海陬

世人謾說民族魂　此老純衷知得不

我將公號揭諸石　只此可以千百秋


丁卯一九八七年　閏六月上澣


## 雲汀柳公墓表

密陽之雲汀里　爲柳氏世居之地　柳氏　世以儒素相傳　且力於農
以饒富聞　佑成　家府北　距雲汀半日程　而自以愚蒙　生來足不出里
閈　又自弱冠　求食在外　未暇從鄉父老遊　柳氏之近而亦全沒交涉焉
釜山時　柳丈敏睦氏　嘗一叩余門　蓋初面也　佑成　問尊門昔有號雲
谷野人者　誰歟　曰吾曾王考也　又問有字建善　於吾丈爲誰　曰是吾
家大人也　人言君素昧於鄉故族乘　今於吾家　有此識知　何也　佑成
曰　兒時偶讀永嘉權公省齋集　集中　有稱述尊門事行者　故至今記存
也　敏睦氏　笑曰　子吾鄉人也　乃從永嘉人文字　識吾家事耶　一日歸
鄉　適相遇於邑路　挽余袖曰　吾大人欲見君矣　因導余拜其大人公
公時已高齡　而容儀端整　言語安詳　一見可知爲愷悌有識長者　臨別
執佑成手曰　吾與君兩家　同鄉而居數百載　望君之自此與我源源往
來也　佑成斂衽而受詔焉　其後　佑成移職于漢城　不數年而鄉人以公
訃音至　佑成泫然曰　吾鄉失一老成人矣　又數年　敏睦氏　過佑成　示
公遺事　請以墓道之文曰　此先君意也　子無庸辭　嗟乎　佑成幼而識
公字於卷中　既長　獲見知於公父子如此　此事烏得已哉　公諱志亨
自號大南　本晉州人　高麗上將軍諱挺　爲上祖　其後　連有封爵　奕世
昌熾　入朝鮮　有諱宗貴　安義縣監　始自京徙居密陽　其孫諱秀源　文
正郎　師事外舅孫格齋先生　有文行　又其曾孫諱芬　號竹潭　遊周愼

齋先生門 官訓導 嗣子諱汝駉 號敬梓 壬辰亂後 與孫聱漢安五休
諸賢 修纂鄕案 公乃其十一世孫也 曾祖諱鎭根 祖諱承澤 卽雲谷
野人也 有遺稿 考諱泳秀 妣驪興閔氏友于亭九淵後士人泳純女 以
高宗庚寅五月十三日 生公 少聰敏 年十六 赴鄕人士戰藝之所 居
其首 醇齋金公在華 有文名 公從而遊 酬唱甚多 時盧小訥許錦洲
兩先生 自金海來吾鄕 奠居于東峽 多士歸之 公謁許先生 因晉拜
盧先生 執弟子禮焉 公於書 尤好讀禮 居父母喪 一遵家禮 鄰里有
疑禮 必就公而質焉 見世道大變 士趨日卑下 召子姪戒之曰 大山
先生云 家亡禮先亡 禮者所以維持門戶者也 若輩毋忘斯言也 以癸
卯七月初六日歿 享年七十四 葬雲汀西竹田後峰亥坐之原 夫人一
直孫氏晦山亮大女 與公同原而異穴 有三男 長卽敏睦氏 次應睦章
睦 一女密城朴哉圭 敏睦男 錫基錫玄錫九錫煥 應睦男 錫載錫雨
錫河 章睦男錫範錫祚錫潤 餘皆幼云

甲寅一九七四年 孟夏


## 西軒郭公墓碣銘 幷序

玄風之郭 爲江左大族 忠孝義烈 輝映史乘 逮夫西潮汎濫 擧一
國 靡然以頹 則吾嶺之風氣 亦一變 至于今日而極矣 而其篤倫常
而親經籍 猶不失古家懿範者 十僅三四而玄風氏其一也 玄風氏 有
曰西軒公 諱東健 字孟奎 少以才華 知名士友間 風標雅潔 爲一門
之儀表 中間 閱歷憂患亂離 遭遇逆境者多 而順而處之 無一缺焉
人稱公 爲三玉 以公容貌如玉 行止如玉 文筆又如玉也 嘗書其所
居之壁 曰敬爲持心之方 寬爲處世之法 因常目在之 見者 謂公於
此 實有所事而非爲一時標榜地也 公之先 在麗朝 有苞山君諱鏡

是爲鼻祖　至朝鮮中葉　有監司諱越　號定庵　贈禮曹判書　是生二子　長諱在祿　同知中樞府事　次諱再祐　卽忘憂堂忠翼公　知樞之孫　有諱暹　號持庵　有淸操雅望　寔公十世祖也　曾祖諱連坤　祖諱鍾斌　考諱泰淳　妣昌寧成氏芙蓉堂後士人□敎女　公以前韓高宗癸巳某月某日生　以民國壬寅十一月某日歿　葬元山洞案山旺伊谷艮坐之原　配一善金氏佔畢齋冑孫泰鎭女　後公五年丁未卒　墓與公同原　生四男二女　男仁燮大燮攸燮年燮　女婿朴彰基金鍾琪　仁燮男載祥載沃載哲載眞載陽　大燮男載夏載殷載周載漢載明　攸燮男載甲載乙載丙　年燮男載完載仁　餘繁不錄　佑成　自孩提時　累獲拜公於旅次　公與我諸父兄　有姻婭之好　往來源源故也　公歿十數年　長子仁燮氏　責佑成以墓銘　佑成不敢辭　謹據其狀而叙之如右　因爲之銘　曰

三玉　固已美
敬而寬　爲尤貴
是可以銘之不愧

乙亥一九九五年　七月


## 謹堂李公墓碣銘 幷序

歲乙亥秋　咸安宗丈李吉寧先生　訪佑成於漢上　袖出其先考謹堂公行錄一通而請爲麗牲之文　佑成　在百世之誼　有不敢固辭者　顧歲華荏苒　佑成未及構草　乃其子承茂　稱孤而訃於我　以其親之遺命　復申其囑　佑成　慘然傷痛　且恨其有負於幽明之間而悔之已無及矣　玆謹就其行錄而叙之　曰公諱弼奎　字應文　謹堂　其號也　本驪州人

始祖諱仁德　當高麗中葉　奉鄉職爲仁勇校尉　歷數世　上開京　遂爲
簪纓之族　有諱皐　仕麗末　官翰林學士大司成集賢殿提學　麗運將訖
退居水原　自號忘川　新朝　累徵不起　吾李之所稱學士公派　皆其後
孫也　是生諱審　吏曹參判寶文館提學　其孫諱賢孫　以逸薦司憲府執
義而不就　及端廟遜位　南遯丹城　至其孫諱鸞　副司直　自丹城　定居
于咸安之杜陵　子孫因爲咸安人　有諱景茂　號晚黙堂　孝友文翰　聞
於世　自朝家　旌其閭　杜谷諱益亨　以寒岡鄭先生門人　斥北人誣賢
之論　隱而不仕　寔其本生父也　四傳至諱晉祚　無育　以忍說堂諱益
祚次子諱運昌　爲嗣　號敬庵　於公間五世也　高祖諱圭新　曾祖諱容
愉　自杜陵　徙山仁面山城下　祖諱鍾國　考諱允九　號退峰　篤倫常而
勉經史　見重於鄉黨　而不幸早卒　妣載寧李氏副提學仲賢後榮浩女
有婦德　公以高宗辛丑　生於山城下之第　美質秀容　孝性天得　七歲
時　怪疾流行　父祖兩代俱歿　初終襄禮　執喪如成人　弔者無不嘖嘖
稱歎焉　己未萬歲運動之後　公年二十五歲　欲就新學　渡日本　晝勞
夜讀　傍參新幹會等抗日團體　奔走盡瘁　及歸國　已經十載風霜矣
家計旁落　乃移家于伽倻面下儉岩　開小鋪於伽倻　以資生而養母　母
夫人　患浮腫　累年床第　公夜不就寢　晨夕湯爐者二年　推其孝　以及
于遠祖　竪碑建齋等事　率先垂範于諸宗　高曾祖以下墓前儀石　無不
畢具　月必一次省掃　每交遊於碩學名士之間　持身恭儉　待人以誠
凡鄉中儒林　有所事　挺身前赴　盡力於開導敎化　鄉人有言　曰文華
過公者多　實行則逮公者　殆無云　壬子孟春　以病屬纊于釜山　返葬
于艅航面巴峰坤坐原　配海州鄭氏忠毅公文孚後蘭錫女　壺範甚修
舉五男一女　男長吉寧　以敎育家　位至校長　次國寧熹寧俊寧茂寧
女適許南丁　吉寧二男承茂贊茂　女辛奎鍾趙顯培李明善崔洛準　國
寧一男菖茂　女朴奉權金珍澈　一未行　熹寧一男　先茂　女崔炳柱　俊
寧出系堂叔炳道後　茂寧二男　德茂瑠茂　長孫承茂　雋才博學　合格

於高等考試 今爲教育部局長 門戶之任 有在矣 銘曰


　行己也篤 接物也溫
　謹之一字 足驗所存
　承先休而裕後昆 猗吾宗之有斯門


庚辰二〇〇〇年 九月


## 明軒金公墓碣銘 幷序


　我姑夫明軒金公 歿十有六年 表兄熙鳳 述家狀 示佑成而曰吾先
人八十年讀書飭躬之實 不忍泯沒而無傳 以吾不文 畧記平昔所見
聞於過庭之際者 以貽後承 且將伐石 乞墓道之文 而念今日知吾先
人者 莫如君 君其爲之 不必他求也 余惟兄之意 甚戚 不敢以拙陋
辭 因泫然爲之敍 曰公 諱綱東 字章叟 明軒其號也 本瑞興人 上
祖諱天祿 高麗上將軍 以功封瑞興君 朝鮮初 有諱中坤 仕憲府諫
院 有聲 始居玄風 三傳至諱宏弼 以道學 從祀文廟 諡文敬 卽寒
暄堂先生也 先生第二子諱彦庠 蔭監察 歷宰軍威比安 又自玄風
徙居昌寧 生諱立 號惺齋 蔭都事 歷宰四邑 與退溪南冥 爲道義交
生諱壽愷 退溪門人 寔公之十一世祖也 高祖諱東曄 曾祖諱禧坤
祖諱錫斗 考諱奎昞 號二南 肇慶廟參奉 妣玄風郭氏龍鎰女 無育
廣州李氏大司憲朴谷元祿后處士相憲女 以高宗戊子七月十七日 生
公于冶洞里第 眉目端正 姿性淳愨 兒時 從塾師問字 頗似魯鈍 而
勤勉倍於人 日有所進 及長 委禽于我家 我王考省軒府君 有五婿
公序居第一 府君 期望甚殷 孜孜奬學焉 我家 嘗邀深齋曺公兢燮

館于西皐精舍 我伯父一亭公 暨我再從祖退修齋諸公 相與肄業 公被提携左右於其間 聞見益廣 曺公歸 公以同鄉也 遂趨其門下 執弟子禮焉 始公喪其先寢郎公也 年甫弱冠 學未成而産稍饒 人皆憂公之不克自振 及其久而學有進無止 産亦無所減焉 每有間 以養母治産 委之弟公 挾冊就師友講磨 歲且熟 行檢田租 必先召佃夫 問其可租幾何 以課之 方春之饑也 海糴甚翔 諸有粟者 競以船下 父老 多勸公以射利 公辭 曰宗族隣里 舉口待哺 吾雖不能盡濟 忍獨利之乎 乃以平價 散之於宗族隣里 鄉人 稱頌不已焉 然 公之産則以樂善好施而病焉 竟至剝落 無所依庇 因挈家搬移于退里 與我家比隣而居 歷十數載 至乙酉光復 始還故庄 以壬子二月初八日考終于寢 春秋八十有五 葬冶洞案山甲坐原 鄉省賓友 禮相之 題其旌曰明軒處士 公於婦家 情誼自別 而夫人 性且貞靜 奉君子少無違禮 先公十一年而逝 墓槽嶝癸坐原 公 平日愛敬備至 及其喪 爲文哭之慟 手抄事略 請誠庵盧公根容 作傳 傳于世 擧二男四女 男熙鳳熙麟 女張悳鉉申鉉八張達熙安相煥 熙鳳嗣子震埴 女孫濟根熙麟男震埴出 珠埴 女朴鍾勳金永達 餘繁不錄 公 平生手不釋卷 遇有可意處 輒抄寫 積而成帙 然 未嘗以作者自處 故 所著詩文無幾 記昔余幼少時 讀書于山亭 公與諸長老 日來唱酬 而詩成 輒棄不收 未嘗爲傳後計 顧余年今六十餘 回憶當時事 依稀如夢境而公及諸長老文字 盡歸堙滅 尤可恨也 銘曰


　　嗚乎此是明軒處士之藏

　　縱衣錦而不自章 溫乎其儀永難忘

　　也令來昆熾而昌


戊辰一九八八年 季春之月

曙海鄭公墓碣銘 幷序

自愚伏先生鄭文莊公 卜居于尙州之愚山 子孫蕃而昌 鄭之貫晉陽者 遍一省 而愚山氏 最以文艶 爲通國名閥 盖以大賢之後 祚運既靈異 而家世積德累仁 有以見餘慶之長發也 挽近數十年來 世道大變 故家世族 胥以彫落 愚山氏 亦不免於是 而其中 有茂膺福履退享壽考者 不少其人 如曙海鄭公 其尤也 公諱德默 字學明 文莊公十一代孫也 高祖通德郎象復 曾祖槐軒民英 王考瓶庵喆愚 考東斗 兩世成均進士 妣宜人開城高氏彦虁女 公以舊韓高宗辛丑十月二十三日 生于愚山世第 三歲而孤 內而慈母鞠養勤至 外而王父義方之訓無缺 早歲 已體得儒家子弟之職分矣 時當西勢東漸 開化風潮 洋溢一國 國竟不祀 公 富有才志 欲出而需世 編入中東學校轉而就學于延禧專門 又渡海留學于東京立敎大學經濟學科 以王父命 中途而歸 然眷宗邦而心傷人 有非尋常 曾於東亞日報之創刊也親自募金 以助其接濟 及乙酉光復而託治議起 公 力說其不當於人人 可見其素抱之一端也 配儒人豊壤趙氏主事弼衍女 平生琴瑟和好 擧五男六女 男在久在淳在亨在赫皓 女婿成在慶孫達植盧瑗錫柳漢爕朴永寬金昌坤 在九 男潤鎭範鎭益鎭 女婿李森徽金又永閔炯福 在淳 男相鎭道鎭 女婿張泰栻 在亨 男瑛錫由鎭塤錫 女丞媛在赫 男永鎭必鎭 女婿尹京守 皓 男瑞鎭僖鎭 女惠先 成 男耆祥耆鶴耆駿耆仁 女婿趙鏞業林志鉉 孫 男炳泰炳昱 女惠蘭惠英恩珠盧 男泰昱泰鉉 女婿金泰善崔溢晉 柳 男好根準相旭相 女知延 朴男振植燦植 女宣美宣映 金 男顯遇顯喆 女惠珍 曾孫男女百餘人繁不錄 且其生未艾也 公 以甲戌正月二十四日 考終于寢 享年九十四 葬于下愚山之前山酉坐卯向之原 趙孺人 先公四十九年卒墓瓶泉亭右麓 公歿未一年 長子在久氏 與其妹婿朴君永寬 訪佑成

于漢南　請以墓道之文　佑成　昔嘗稔聞公人品之懿家況之盛　而未克
趨謁於在世之日　迺今托名于石面　粗表慕庸　未始非一幸也　銘曰


　　昌而熾壽而康　仁天　降德門之祥
　　存而順沒而寧　福地　作吉人之藏


甲戌一九九四年　仲秋之月


## 白坡鄭公墓碣銘 幷序


　歲己未閏六月　白坡鄭公之訃　至自永川　佑成　哭曰嶺左姻親古家
中　又失一耆舊矣　世運日趨於肴薄　而先輩風範　邈乎難追　如公樂
善好古　述前言往行　以誘掖後生者　復幾人也　明年春　喪人起洪起
燁　携公遺著三冊　訪佑成於漢上　俾加釐整　因屬以墓道之文曰此先
人遺命也　嗚乎　佑成　忝居公婭婿之末　蒙公眷愛者　卅載有餘　今於
是役　其烏可已　公諱島榮　初諱壽容　字華一　白坡其號也　本延日人
高麗知奏事諱襲明其鼻祖也　至諱仁彦　始居永川　生諱光厚　仕朝鮮
初　爲工曹判書　中世　有諱世雅　號湖叟　壬辰　起義兵　復永川城　贈
兵判　諡剛義　生諱宜藩　隨父倡義　殉于月城役　贈吏參　無子　以弟
守藩次子好禮爲嗣　縣監　以淸白聞　歷二世　諱碩達　號涵溪　有三子
仲諱重禹　寔公九代祖也　五代祖諱裕昆　號晚悟　有士林望　高祖諱
信在　號素庵　曾祖諱鎭億　號庸軒　祖諱泰源　考諱東驥　號蒼汕　成
均生員　妣聞韶金氏武洛女　以高宗辛丑九月　生公于慈川里第　幼而
聰慧　有神童之稱　十一歲　次韻先公佳洞寓居詩　曰耕山栽藥草　掃
壁架圖書　十四歲　遊陶山甥館　外舅南坡李公　有風月問答詩　公和

之 益被長者之期望焉 時纔經庚戌國恥 有志之士 競趨新學 公亦
斷髮 就學于京城中東學校 未幾 轉入于大邱啓聖學校 然 竟不免
中途廢棄而歸 以有親命也 其在京城也 值己未萬歲運動 公與諸同
志 挺身前赴 其後 新幹會之成立而公又與焉 以此 爲倭人所忌 平
居每有查察 至太平洋戰時 尤甚 公託以禮佛 往來名山 因密訪同
志 探聞時事 嘗於俗離山中 遇異僧 夜告公以海外同胞獨立運動之
狀況 及國內政客之思想動向 公知日本敗亡之不遠而深以我國民之
難於團合爲慮 及乙酉光復 遂見南北分斷及左右抗爭 戊子 公被選
爲制憲國會議員 而秉國政者 日益憒憒 至庚寅亂而極矣 公慨歎之
餘 賦詩三章 以見志 浩然返于鄕邑 枕藉書史 嘯咏風月 以終餘年
政府 嘗褒公以無窮花國民勳章 而公不屑也 每以時輩之輕視倫紀
而唯物是崇 爲至憂 遇事有可敦俗化民者 率先爲之 見鄕校頹荒
發論而重新之 又歷任臨皋道東諸院山長 以興起儒風爲己任 鄕人
士 爲公結一社 歲修契事 名之爲亦悅 盖出於慕公之德義而欲從事
乎學習也 及公歿而葬也 京鄕會者 數百人 雖平昔與公異趣者 莫
不咨嗟來吊 亦可見秉彝攸同也 墓慈川後山高富朗嶺某坐原 配眞
城李氏尙鎬女 有二男二女 男起洪起燁 女適權大衡金世漢 繼配上
洛金氏 鍾瀅女 有二男一女 男起哲起台 女適趙寬濟 內外孫男女
總十數人 銘曰


早語事功之大 晚專文字之娛
長身玉色 永閟此 一區

# 遜庵申公墓碣銘 幷序

歲辛亥之十二月　密陽申聖日先生　歿于鈒浦之第　葬松岳後麓壬
坐原　鄕人士　禮相之　題其旌曰遜庵處士申公　越六年丁巳　從子鉉
直　携公遺稿四冊　北來京師　俾佑成存刪　因曰叔父與李龍門溫雨許
護石涉兩公　爲摯友　而兩公　先後俱歿　今爲叔父銘墓者　無其人矣
子可代兩公而爲之乎　佑成曰嗚乎　公與李許兩公逝　而吾鄕　遂不見
儒者之風範矣　吾鄕之葬以處士之禮　亦將於是乎止焉　則他日東南
士友之過吾鄕者　必有感乎江山文藻之寂寞而發蕭條不同時之歎也
吾於公之銘　烏得無情也哉　公諱晟圭　聖日其字　遜庵其號也　其先
平山人　上祖壯節公諱崇謙　以高麗開國功臣　著于史　自麗入鮮　子
孫甚蕃衍　其居密陽者　有徵士諱季誠　士林俎豆之　稱松溪先生　五
傳而有諱東顯　以孝　享中峰祠　號梅竹堂　子命胤　亦以孝聞　號望慕
庵　寔公之七世祖也　曾祖諱廷鶴　祖諱鎭源　考諱泰郁　妣廣州安氏
孝淳女　一直孫氏亮賢女　公以前韓高宗乙巳七月生　孫氏出也　天資
明悟　而自幼端慤　始受字學於先公也　讀聲低微　先公曰聲何低也
對曰在長者前　不敢高聲也　先公曰雖長者前　書聲可高　公乃放聲讀
之　及長　師事許錦洲先生　又從吾先子省軒公　問爲學之要　孜孜進
修　蔚有聲譽　而公益謙抑　不自大焉　自中世以降　吾嶺之爲文者　汩
於功令　混於講學　文日以卑下　至深齋曹氏　一洗陋習　始復古文軌
則　風尙所及　公與龍門護石諸子　並致力於唐宋　勉求其義法　不屑
爲鄕曲學究之文焉　然　公之儕友中　流於文者　頗事曠達　而公則謹
守古規　操履益篤　此其尤難者也　倭政之末　督行薙染　人無免者　公
獨回避以保髮　嘗曰天下事　有可爲　則吾何惜一撮之髻　但不欲爲彼
人屈耳　及徵丁壯　强充軍伍　公曰吾安忍以吾之子　爲犬羊役耶　遂
以癸未冬　挈家潛入德裕山中　不與世通聞問　李公炳虎　朴公永壽

嘗歷險投深 以相訪焉 見松櫪間 構木爲巢 適公 自山田罷鋤而歸
在途浩吟 曰長鑱長鑱白木柄 我生托子以爲命 及夕 進食 惟甘藷
十數枚醎菜一合而已 而公 對客歡笑自若 妻孥竝怡然無一毫怨苦
色 李公 後嘗對佑成言 遜庵此等苦節 非吾人所可企及 而亦可見
平日化行於其家也 乙酉光復 出山 見時潮盪滿 道義墜地 慨然與
鄉人士 刱明倫學院 敎授生徒 後以病謝歸 配密陽朴氏□□女 生
二男三女 長鉉石 次鉉彝 出系叔父後 女適朴泰勳李㷛衡李憲七
公所著 詩文散草外 別有讀書箚錄諸條 積成數卷 名之曰遜言 亦
出於自謙之義也 銘曰

　　遜其志 以處乎約
　　遜其言 以肥于學
　　其文則達 其行則卓
　　儀型有在 屹彼松岳


　　　　　　　　　　　　　　　戊午一九七八年 南至之月


## 碧珍李公墓碣銘 幷序

　嶺南之固城 邑于瀕海 饒魚鹽 民風樸厚 士族之奠居者 率皆篤
倫常而重禮數 就中 九萬一境 尤以是聞焉 李之碧珍氏 居於斯 數
百有餘載 李公命大 嘗訪佑成于漢上 出示其所自爲先公行略 因請
墓道之文 佑成 辭不獲已 謹案其所述而敍之 公 諱愚錫 一諱愚澈
字相瑞 上祖碧珍將軍諱念言 佐高麗太祖開國 入朝鮮 有諱約東
號老村 受業于金江湖先生 官吏曹參判同知成均館事 陞資憲 知中

樞 謚平靖 生諱承元 兵曹判書 父子俱以名宦著 後 有諱碩慶 號
德巖 有諱道由 號滄浪叟 有諱涑 號寒泉 學于從祖畏齋公 有文集
行于世 至曾孫諱基敏 號謙窩 始自靈山徙固城 寔公之七世祖也
曾祖諱權峻 祖諱承玄 考諱秉和 俱有隱德 妣全州崔氏祥瑛女 公
以前韓高宗乙酉十二月十日 生于洛洞里第 醇眞有古貌 無外餙 家
甚貧 薄田數畝 終歲勤苦 不敷於用 間就傭役 從事貿販 而仰事俯
育 各極其情 至中歲 家力稍舒 而公則病矣 以壬申十一月八日 終
于寢 得年僅四十七 墓昆季山先塋下乙坐原 公 孝悌根於天性 追
遠報本之誠 未嘗少弛 嘗以五世宗閟 乏嗣 有難入系者 公獨攝奉
祀於其家十數年 後以門議 還奉于宗中齋舍 歲時祭薦 罔敢或懈
臨歿 詔長子曰吾有意衛先 而力未逮 先齋之築 **先碣之修** 留待於
汝 汝其銘諸心 又曰汝當務本崇實 不趨私利 勤力節用 不生橫慾
以無累吾祖先淸範也 於乎 公 未嘗有紀述 而卽此數事 可以想見
其爲人也 子夏子所云雖曰未學吾必謂之學矣者 非公之類也耶 配
驪州李容幼女 三悅堂景蕃后 賢而敏 自入門 克盡內助 及喪所天
繼其志 極力治生以潤屋焉 享年七十八 葬公墓左 擧四男四女 男
長快中 卽命大氏也 次昌中宇中成中 女適朴鶴祚許南植李相賢許
晉 快中男 善權善益善烈善印善載 昌中男 善立善玄善石善鶴善實
宇中男 善官善喆俊東炯來 成中男 善七善敦 朴男 鍾洙 許男孝宗
李男甲烈吉烈吉燦 許男道英 餘繁不錄 銘曰


  碧珍之李千百樹 分枝託根長南土

  務本節用至理存 一言可以持門戶

  我揭此銘示後人 有甘總是來自苦


丁卯一九八七年 孟春之月

## 咸陽呂公墓碣銘 幷序

　　呂之貫咸陽而居畿甸者　歷代多達官聞人　而至于近世而不替焉
余所善呂君元九　書藝專家　尤以篆隸鳴　京中人　莫不欲得其所書以
侈其居室　顧獨於其先大人墓　未及書一字以誌之　常以爲憾　一日
持其先公行錄數條　示余　請以牲石之文　余不敢辭　撮其要而叙之
公諱運弼　字殷卿　陶山其號也　始祖諱御梅　高麗典書　入朝鮮　有諱
稱　知議政府事　諡靖平　有諱順元　贈領議政　生諱裀吉　訓練院都正
贈兵曹判書　生諱爾弘　果川縣監　贈執義　生諱誨齊　贈吏曹參議　生
諱必諧　贈吏曹參判　生諱光澤　嘉義同樞　寔公之七世祖也　高祖諱
東淳　曾祖諱膺燮　祖諱圭白　考諱鳳鉉　妣□□□氏□□女　公以前
韓高宗辛丑十一月十日　生于楊根縣陶谷里第　容貌端正　資稟溫雅
及長　就申永模先生學　當時　申公以學行　爲鄉黨所推重故也　公　外
柔內剛　持身介潔　所過人皆致敬　然　隣里有吉凶事　公必爲之周旋
顧恤　人無不感服焉　乙酉光復後　西潮汎溢　古風委靡　公倡起士論
重修楊根鄉校　以挽回儒運爲己任　又設詩會　以助其情趣之叙暢焉
嘗見推爲呂氏大宗會任員　續修譜牒　並將先墓位土　補完增置　俾無
缺恨　晚年　置書堂　以四書及啓蒙諸篇　授初學　每惓惓以孝悌忠信
獎勸後生焉　公留心於書藝　慕效蘇東坡　鄉稱公爲名筆　今元九之筆
名於世　盖有所受也歟　以民國丙辰閏八月二十七日　卒　享年七十五
墓陶谷里粉土山艮坐坤向之原　配延安金氏龜淵女　後公一年歿　墓
祔　擧三男三女　男元九春九弘九　女適李鍾九吳海泳金泰俊　元九男
寅赫寅喆寅昊　女寅姬　春九男寅碩　女寅順寅俊　弘九男寅星寅相寅
輔　銘曰

　　上以接賢父祖之前津　下以啓佳子孫之後塵

猗兹福地　允合吉人

戊辰一九八八年　維夏之月


## 松岡金公事蹟碑

　古冶爐縣　在今陝川治北三十里　水淸而山秀　爲世族著姓所本之
地　而人物之鍾生於其間者　歷世而不絶焉　近世　有松岡處士金公
以文行　知名於士友間　子若孫　克紹家業　蔚然見推於鄕黨　今成均
館大學敎授金君榮秀　松岡曾孫也　與其諸從兄弟　謀將就松岡遺址
竪一石　謁余文　余嘉其事　據其家傳而叙之　公　諱文培　字德韻　籍
金海　忠簡公諱普后　大司憲安敬公諱永貞十五世孫也　考諱顯景　妣
全州李正洙女　公　以高宗甲子生　至乙丑卒　享年六十一　始　公在腹
中而孤　賴母夫人劬勞鞠養　卒爲善士　尤以孝聞　少從張晦堂先生學
晦翁語人曰金某　終身不忘父母者也　遍交當世名碩　如滄江金澤榮
蘭谷李建芳恭山宋浚弼深齋曹兢燮晦峰河謙鎭諸公　或以書致敬　或
往來問難　及公爲母夫人編孝烈錄也　諸公　無不樂爲之撰述　斐然成
冊焉　先墓儀物　極力完備　戚族之貧窮者　周恤有加　此皆推其孝而
行之者也　系之以銘曰

　惟孝爲福之源　宜乎昌其後昆
　千秋有此貞石　過是鄕者必式

戊辰一九八八年　仲冬之月

## 靈山辛公墓碣銘 幷序

　　公　諱泳秀　字聖民　姓辛氏　靈山人也　始祖諱鏡　高麗平章事　至
麗季　有諱斯蕆　以郎將　抗倭死於蔑浦　一女殉死　以孝烈　載在高麗
史列傳及新續三綱行實圖　入朝鮮　有諱柱　號終慕堂　咸鏡南兵使
有諱硏　泗川縣監　當壬辰亂　殉國　贈兵曹判書　有諱景夏　號竹亭
孝友天顯　贈左承旨　並享桂陽祠　有諱光復　號桂軒　性端雅　克守先
業　贈戶曹參判　寔公五世祖也　高祖諱應鳳　號春睡齋　嘉喜大夫同
知中樞府事　曾祖諱碩祐　號追慕齋　通德郎　祖諱志有　考諱翊成　妣
碧珍李氏錫萬女　無子　取都泉族人子　子之　卽公也　本生考諱允成
妣玄風郭氏址振女　公　以舊韓高宗丁卯六月　生于都泉里第　及長
天性至孝　事生養二親　無有間言　奉祭祀　恪守禮度　於祖先之事　盡
追遠報本之誠　處宗族　一如敦睦　不以宗族之近遠派系而有間焉　故
鄉黨知舊　無不悅服而稱頌焉　以庚午八月二十七日　考終于寢　享年
六十四　葬于桂城面孔雀山癸坐原　配瑞興金氏奎七女　繼配晉陽鄭
氏□□女　擧四男一女　男琬植敏植華植俊植　女適朴熙址　長孫容澔
次容濟容相容佰容震容俊朝日容海容益容淳　外孫朴星基　曾孫在基
汜基　以下繁不錄　乙亥春　容濟氏　介其族人瑱敎翁　訪佑成于北漢
山下　請公墓道之文　佑成辭不獲已　依其家錄而略敍之　系以銘　曰


　　竺下鍾靈之地　嶠南種德之門
　　一生履素而作善　宜乎體先休而裕後昆


乙亥一九九五年　孟夏之月

## 竹軒裵公墓碣銘 幷序

往者 吾邦有志之士 在倭賊强占之下 託跡於宗敎而委身於獨立運動者不少 盖欲藉賴信仰而彌勵其堅忍不拔之操 利用團體而兼得其扶護協同之力也 如竹軒裵公 其例也 公諱昇煥 貫興海 世居安東 上祖諱尙志 號栢竹堂 蔭仕麗朝 爲兵曹判書 至朝鮮中期 有諱三益 號臨淵齋 遊退陶門 官黃海觀察使 有文集行于世 公乃其十世孫也 考諱善模 號學海 妣平山申氏泰哲女 公以前韓高宗乙酉 生于寧海之丑山 己未 徙居于尙州仁鳳里 是歲入京師 就大英聖書勸書之任 公三十五歲時也 翌年 用夏期 組織基督敎傳道隊 周行道內及西北地方 開催講演會 到處得信徒之熱誠參加 時 海外志士之籌備獨立者 在在活動 上海有臨時政府 奉天省柳河縣 有新興武官學校 公與崔載華柳佑國趙誠惇諸同志 同謀勸誘國內才俊 前赴上海 助臨時政府事役 又募集靑年强壯者 密遣柳河縣 爲武官學校生徒 以備他日武力光復 庚申 竟以此被倭警逮捕 押送于大邱 拷訊二十餘日 水火毒刑 不可以筆舌形言 公抵死無答 至氣絶三次而終不開口 服役于大邱及安東刑務所 其在獄也 往往以詩歌洩憤寫哀 辭意慷慨 獄吏輩 亦爲之感動焉 始以三年刑言渡 至二年後 許仮出獄 歸尙州 其後 歷任善山地方七敎會助師·嶠南基督敎靑年會館傳道師·大邱第一敎會長老之職 自此 定居于大邱 而倭警之監視 不少弛 倭政之末 人多變節附賊 而公獨秉志益堅 解放後 大邱人民 推公爲委員會議長 又被選爲民族戰線慶尙北道議長兼中央常任委員 盖公深得當時人民之信賴尊敬故也 然 以此受忌亦甚 庚寅亂後 公之儀型 竟杳然矣 嗚乎 公以儒家子 早襲義方之訓 及長 宜其身參縫掖之列 聲噪翰墨之場 而顧自以擺脫舊習吸收新知爲務 要爲有補於祖國儔胞 而值世艱險 竟不免蹭蹬困苦齎志而歿 其可悲也 往歲壬申 自大韓民

國政府　追敍公建國功勳愛族章　亦可見公議之不泯也　配豊山柳氏禧
榮女　謙庵後也　墓豊山面梅谷子坐原　以公衣履　葬其右　擧二男二女
男永國永天　女適晉州姜疇錫慶州崔淙　永國　娶眞城李政鎬女　生四
男三女　永天　娶義城金應明女　生二男一女　姜疇錫二男一女　崔淙一
男一女　餘繁不錄　甲戌秋　公之第四孫仁根　持家錄一通　訪余求爲公
墓銘　余辭不獲已　敍之如右　系以銘曰

詩經有言　昭事上帝
以耶補儒　實義先例
公生儒門　姿性愷悌
革舊就新　光復爲計
丁時百六　事未易濟
痛切囹圄　矢志雪涕
賊退疆復　民主是揭
吁嗟惡運　庚寅之歲
同族相殘　公亦寃逝
輿論攸在　彝夷莫制
愛族褒章　雲霾快霽
諸孫成列　有學有藝
天道福善　寔合符契
梅谷一區　往跡隱翳
我爲此銘　可徵百世

丁丑一九九七年　仲春之月

## 內舅芝庵鄭公墓碣銘 幷序

　始余年十五時　拜內舅芝庵公於星州枝村之外第　公　以承重　居祖
母喪　守制甚嚴　足不出門　而至夜　從容解巾櫛　對余談經說禮　亹亹
不已　余出所作詩文　求敎　公曰詩則吾不知已　文有儒者之文　有文人
之文　古今文人之騖於文而無其實者　多矣　吾不願汝之爲文人之文也
蓋余以蛾術　頗有聲於鄕里　公欲其斂華就實　故　有是言也　時公之從
兄磊軒翁　以文學巨匠秉筆于一方而其持論亦如此　及歸　讀公祭吾王
考文　及與吾老親書　樸厚蘊藉　眞儒者之文也　自是以來　余之遊外第
而承公誨者　累次　每見公儀表端潔　辭令簡當　而日常動靜　自不離繩
墨　余私心敬服　以爲如吾舅氏　洵無愧爲大賢後人也　嗚乎　公之歿而
丘木且成林　今年春　長子溥　北來京師　責余以墓道之文　余不敢辭
謹按其家傳而叙之　曰公姓鄭氏　諱健鎬　字漢仲　芝庵其號也　本貫西
原　高麗上將軍諱顗　其鼻祖也　雪谷諱誧　文簡公諱樞　文愍公諱摠
俱顯達于麗末鮮初　至文穆公諱逑　以道學　爲百世師　卽寒岡先生也
寒岡之後　有諱煒　號芝厓　公之六代祖也　高祖諱元永　曾祖諱舜和
祖諱友容　考諱在寬　妣載寧李氏參奉壽澄女　只有一女　無男　取四從
兄省齋諱在夒之第二子爲嗣　卽公也　省齋公　以一宇先生諱世容之子
篤行好學　夫人安東權氏　東溪後注書仁龍女　有壺範　公蓋有所受矣
以前韓高宗癸未十一月初四日生　民國庚子三月十四日卒　享年
七十八　葬枝村前山□坐原　配靈山辛氏參奉極成女　有一女　適慶州
崔穆永　繼配順天朴氏海鵬女　無育　玉山張氏能憲女　有三男二女　男
溥淵渙　女適坡平尹芊洙永川崔守東　溥　男榮桓　女適金海金東圭　淵
男一女四　皆幼　崔穆永男秉俊秉倬　尹芊洙男恒東赫東奭東　崔守東
嗣子性逸　女適南陽洪永基達城徐伍成　嗚乎　公所後之家　只有一妹
卽余先妣也　而先妣早卒且無育　余非其所自出也　而外氏之於余　情

摯有過於血脉　今於是役　撫念往事　尤不勝感愴也　銘曰

公有康樂　磊落軒墻

公坐小庵　芝草自香

龍威麟慈　交映一門

缺界勝景　咸誦枝村

我倣公文　敢爲此銘

千秋不泯　儒者典型


壬戌一九八二年　季春之月


## 從先祖抱川公墓碣銘　并序

公諱曾若　字順之　姓李氏　本驪州人　高麗中葉　有諱仁德　鄕職仁勇校尉　寔爲鼻祖　其後　子孫仕於朝　歷世蟬奕　爲開京名族　至麗末有諱行　官藝文官大提學　號騎牛子　文章風義　爲一代宗碩　諡文節公之曾祖也　祖諱遂　直提學　與弟大司憲諱迹　並列爲鮮初名宦　考諱孜　資憲大夫知敦寧府事　自兒少時　令望夙著　世宗大王　以其兄讓寧大君之女　妻之　卽載寧郡主也　有二子　伯諱曾碩　中和郡守　公乃其季也　以蔭補典牲署直長　後嘗爲孟山縣監　又陞爲抱川郡守　未赴任而歿　配淑人河陽許氏　縣監認女　觀察使之惠孫　擧四男　長諱師瑗　當燕山政亂　不樂仕進　卜居于洪州新基里　子孫　因爲洪州人　次諱師琛　子孫居靈光高敞　次諱師瓊　縣監　子孫居春川　次諱師琦　無子　取師瓊第二子　子之　竟無後云　嗚乎　世遠境遷　文籍湮滅　公之事蹟　無可考徵　可勝歎哉　始　敦寧公墓　在平山舟巖面如珠里　郡主墓　在楊

州瓦阜面德沼里鷹峰巳坐之原　公與伯公　皆從葬於郡主塋側　而中世
以還　公之墓　失其傳　今中和公墓　在郡主塋左　子孫之居密陽龍宮者
歲時省掃惟謹　而公之墓　獨不知所在　少一之恨　殆至數百年矣　頃歲
洪州靈光春川諸宗之爲公後者　與密陽龍宮諸宗族　爛漫商議　遂以甲
戌二月　就郡主塋右　起土成墳　爲歲奉香火之計　役旣訖　責佑成以牲
石之文　佑成　不敢辭　謹叙其顚末　系之以銘　曰


吾先祖母王家出　有子燦燦雙斑衣　生旣侍側歿同歸
地上之封雖少一　地下魂靈也相依　今玆復舊尤增輝
窿然四尺左右對　幽明無間情無違　昆弟怡愉奉慈闈
宗支遠近彌和合　歲歲奠拜香霏霏　我銘聊且頌先徽


甲戌一九九四年　寒食節


## 農隱處士李公墓誌銘

孔子曰里仁爲美　擇不處仁　焉得知　里之仁也　亦鮮矣　而天下之知
者　不爲不多　果使知者　而惟仁之擇處　則未幾而將見天下之擇里者
無於其所矣　不亦難哉　且夫里之仁者　非自天降　盖亦嘗有仁人君子
居之　薰陶漸染　以成其俗者也　故　擇而處之　固是知者之事　而自我
成之　使後之來者　有擇焉　則尤當爲君子之所貴也　吾州　素號禮義之
鄉　而州之東峽　有丹亭里　孝悌爲風　而濟以文艶　今南方之士友　未
有過密陽而不問丹亭者　然　丹亭之爲里　僻在一隅　其知名於士友間
者　自近世吾宗處士農隱公始　公　諱　鍾崑　字汝鎭　有至行純德　吾李
本籍驪州　上祖騎牛子先生行　在麗末鮮初　以文章風義　諡文節　至玄

孫忠順衛諱師弼　自京徙居密陽　密之有吾李　肇於此　而繼而著者　有
月淵迫　翰林　今是堂光軫　承旨　在公俱爲本生之先　而其實系　則翰
林之兄進士遠　承旨之兄文科光輅　乃其十一代十代祖也　曾祖諱馥
祖諱輝根　考諱章琛　妣密城孫氏應玄女　公以純祖丙戌十一月　生于
坪里　里卽吾李舊居龍城之西鄰　而往者　密之名士　多出於此　故　術
者　稱爲名基　然　逼近城闉　華奢爲習　公之世　又當國末　時象不佳
公居父喪畢　卽搬移于乘鶴山中　居數年　又移于龍回洞　末乃至丹亭
曰是可居也　因誅茅置庄　爲終老之計　里中只有編氓數十戶　連値歉
荒　飢餓顚連　且其俗　愚而頑　公賙恤保愛　俾全其生　一日　有癘者
仆于門外　公命舁置于廊下而調治之　使得生道　又嘗有二盜入室　公
凝坐　若不知者　盜若欲前　忽投劍拜　曰眞長者也　吾屬　雖無賴　安敢
犯君子之庭乎　公賜坐　曉諭以人之道理　且出若干錢與之　盜泣而去
戊子歲　又大凶　自府官　抄鄕中富戶　令出力以救流亡　公亦在抄中
里人相與籲　曰李爺爺竭於救吾　無餘力及他也　竟免於抄令　公喟然
曰是可敎也　於是　謀於衆　創設書塾　延師　聚子弟而學之　里俗　駸駸
然入於仁厚之化矣　錦洲許先生埰　南鄕名碩也　世居金海　至是　與其
弟寢郞公垈　絜家卜居于是里　與公只隔一墻　聖人所謂德不孤必有鄰
者　可驗　而亦可見許公兄弟擇處之知也　公享年六十五　以高宗庚寅
九月歿　葬泗淵案山乾坐原　配碧珍李氏處士根晦女　有七子　元九完
九佐九貞九仁九通九成九　一女孫振亨　其孫十數人　至其曾孫　益繁
衍　析戶而居者　至三十餘家　人皆謂積善之報也　孫曾名字　及其序次
俱已載在公狀中　故　玆姑略　佑成　以同宗後生　夙慕公之德化　今族
祖革齋翁炳虎　過佑成於都下　出示公遺稿及附錄文字　因囑以幽堂之
銘　翁卽公之第五子仁九之子也　銘曰


隱乎農　初非志于事功

本乎一體之仁　以發其惻怛之公

化民成俗　大小維同

有美丹丘　知者攸擇

仁風未泯　猗公之澤

有林葳蕤兮泗上　於萬年之幽宅


甲寅一九七四年　孟夏之節


## 再從祖父退修齋先生墓碣銘 幷序


惟我再從祖父退修齋府君　以戊子九月　考終于密州故里　踰月葬三
隱亭後山乾坐原　士林會者數百人　合議改書旌曰退修齋先生李公　寔
備禮也　時余小子佑成　隨諸父諸兄　參祖餞之列　爲文以哭　曰鳴乎
先生學足以包羅千古　洞覽宇宙　而思不出乎畎畝也　材足以撑拄巨廈
扶持危局　而身終老於丘樊也　德性可以陶鎔一世　而僅波及於閭巷也
文章可以黼黻三代　而只衣被乎草木也　盖以先生之有如許蘊抱而未
得出而少試焉者　實由世局之變換邦運之否塞　而其爲後生小子輩之
缺恨　則有不可言也　酒先生　歿不數年　而又値庚寅大亂　亂雖息而時
事靡定　先生之文　深藏于篋笥　而墓道儀物　亦且未遑者　殆四紀餘矣
丙子冬　冑孫鼎成　言於余　曰王父遺稿　已經吾先考手編成冊　又得仲
父申勤補完　將登諸梓　願兄整理編次精加釐校　且將具麗牲之石　並
望兄之撰銘與序也　佑成　不敢辭　謹就家傳　撮其要而叙之　先生　諱
炳鯤　字景翼　初諱炳駿　字景穆　退修齋　其號也　我李氏　系出驪州
上祖騎牛子先生諱行　在麗末鮮初　以文章風義　爲一代宗碩　謚文節
文節之孫諱孜　令望夙著　世宗大王　以其兄讓寧大君女　妻之　卽載寧

郡主也 至其孫諱師弼 始自京徙居密陽 有二子 長諱遠 進士 次諱
迪 翰林號月淵 進士之長子 諱光轄 以文筆擅名於世 與金河西麟厚
善 河西集 載有詩章 生進俱中 又擢文科 而早卒無子 取弟諱光軫
左副承旨號今是堂之次子諱慶承進士爲嗣 是生諱崟 又無子 取月淵
公玄孫諱長胤 子之 是生五子 季諱萬白 號自濡軒 文學德行 爲鄉
省所推重 先生乃其八世孫也 曾祖諱章璞 號知止軒 祖諱鍾極 號桃
源 兩世並以學行 贈朝奉童蒙教官 考諱命九 號庸齋 莊陵參奉 妣
咸平李氏士人瑣緒女 先生 以高宗壬午 生于武陵里第 骨格非凡 容
儀莊重 六歲 就伯父恒齋公讀孝經 音吐響亮 人皆期以遠大 九歲
從庸齋公 移住退老里 里號名基 庸齋公 與伯仲兩公 連墻而居 門
欄鼎峙 子姪成行 先生 上有諸從兄 皆已長者 而下有一弟 傍有諸
從姪 年齒相近 道義相尙 文彩彪映 鄉中 數法家風範 必推退老李
氏 伯從兄省軒公 學術深邃 負士林重望 先生 師事之 進德修業 一
遵其門路 以至于大成焉 始恒齋公 聘曹深齋兢燮 館于西皐 俾子姪
習爲文 先生 每有作 深齋大加稱詡 先生 亦嘗以古文家自期 而家
法 重內實 不尙外華 反而專意于修己治人之學 西勢東漸 新潮汎濫
倭虜闖入 國勢岌業 先生上京 與當時所謂名士如鄭萬朝張志淵崔南
善等諸長少 相見 見其才識有餘而力量太不足 度不可與有爲 因弔
閔忠正公血竹 悲歌而返 漢社周屋 諸名士 多亡命于國外 外舅大訥
盧公相益 亦僑于安民山 先生渡鴨水往候之 盖欲因以觀國外諸人籌
備獨立之狀況也 而意竟無所適焉 爲文 招三學士魂 以祭之 慷慨洒
涕 及歸 決意自靖 曾以東冥爲號 至是 以退修初服四字 揭諸楣頭
內而盡子弟之職 外而導率鄉黨 爲他日世道計 己未萬歲運動纔歇
擧家合謀 創正進義塾 邀京鄉新學之士 教授生徒 其規模措劃 多出
於先生 標之以明倫正德利用厚生 其課程 以四書三經爲正 而萬國
歷史地理及實用技藝之學 爲副 生徒中 有保髮者 任其自由 遠近響

應 時有兩論 守舊如曺深齋 譏之以王覇並用 而新報主論者 則貶之
以執古冒新 東山柳丈寅植 亦以不合時宜 力勸改革 先生 毅然不動
往復辨難數千言 要以過渡時代新舊兩進 保傳統而應時需 爲主旨
初莅學監 後至校長 必手執經典 登壇講義 博通今古 折衷東西 議
論明白 聽者 無不心悅而誠服焉 乃其敎習 純用我國語 文簿 表以
檀紀 以此倭虜嫉視之 每加詰責 敎師與門子弟 屢被拉去檢束 自侵
攻大陸 誅求苛而彈壓酷 我一門 避寓都市 先生亦住釜山 逍遙海曲
有年矣 至太平洋戰爭 倭虜 竟閉鎖我學校 繼而搜索我書莊 拘囚先
生于慶南警察部 冷床麤飯 人不堪其苦 先生年近七旬 而處之晏如
有所究問 應答如流 少無挫頓 警吏輩 感歎曰眞大人先生也 閱四十
餘日 以衰老 出獄還家 然 先生 已病矣 乙酉解放後 南北分裂 左
右軋轢 先生 愀然不樂 掩門度日 湖西李鍾聲 憂國之士也 平素往
來相好 是年冬 來言曰白凡金九 欲糾合在野賢豪 以資國家再造 吾
已薦公矣 先生 謝以病 鄕人士 苦請就儒道會長及典校之任 時 鄕
論 以文廟七十二賢非吾國人 欲撤去其位牌 先生 大以爲非 暫出
以鎭其浮議 卽投辭表焉 自此 全廢出入 惟校正省軒公文藁 使嗣孫
翼成刊行 又欲踵成朝鮮史綱目未完之書 而竟未得下筆 歷丁亥 至
戊子 病益甚以歿 享年六十七 平生應事接物 惟求實是 未嘗以立言
垂後爲計 所遺著述 只有詩文雜著若干卷 日記數十冊而已 嗚乎惜
哉 初娶光州盧氏侍講相益女 早卒 墓三隱亭東子坐 有一子亦早夭
再娶碧珍李氏義一女 賢明有女士風 後先生二年卒 與先生合墳 擧
三男一女 男象衡國衡建衡 女適權昌煥 象衡男鼎成師成 女李根澈
崔焞 國衡男湊成浩成 女李洸成百容盧泰基 建衡無子 師成出系其
後 女孫國鎬李庸泰金元泰孫穆根 權男興基文基祥基榮基 其餘 繁
不錄 銘曰

退而修其身　實具家國天下之模楷

世與我而相違　人誰復能深解

俛仰宇宙　只見高風之灑


丁丑一九九七年　仲冬之月


## 族祖革齋公墓碣銘 幷序


我驪州之李之自京落鄕　就密陽而奠定其門戶者　歷五百餘載　鄕
稱大姓者四而吾李居其一　姓孫蕃衍　分占各里　而近世以降　數篤友
悌而濟以文艷者　必推丹亭焉　丹亭之長老曰革齋公　諱炳虎　字季文
初號大隱　後改以革齋　天性介直　品行醇謹　而富於文識　鄕儒有集
會論事　公常以正道　決其是非　宗族有浮議　公毅然持正論　以鎭之
以是　內外人士　莫不推而重之焉　少時　從同里許錦洲先生學　李龍
門溫雨申遜庵晟圭許護石涉　皆其同門友也　道義相尙　文酒徵逐　至
老不衰　乙酉光復之後　世態混濁　倫理秩序日就頹靡　公慨然與鄕中
諸公　發起學社　大揭以明倫二字　募集生徒　敎誨不倦　顯有成效　卽
今所謂密城中學校　公實構築其土臺者也　今爲序次其世系　上祖文
節公騎牛子先生諱行　有名於麗末鮮初　子諱遜　直提學　是生諱孜
知敦寧府事　配讓寧大君女載寧郡主　至孫忠順衛諱師弼　始入密陽
有二子　長諱遠　進士　次諱迫　翰林號月淵　進士有二子　長諱光輅
以文筆擅名　無子　取弟左副承旨今是堂諱光軫次子諱慶承爲嗣　是
生諱崟　又無子　取月淵公玄孫諱長胤爲嗣　是生五子　長諱萬容　副
司果　寔公之八世祖也　高祖諱輝根　曾祖諱章琫　祖諱鍾崑　號農隱
始入丹亭　考諱仁九　妣固城李氏　庭秀女　公以舊韓末丙午十月十四

日生 民國乙丑陽四月十一日卒 享年八十 葬丹亭案山負巽原 配碧
珍李相厚女 有婦德 後公十年 乙亥陽十月六日歿 墓祔公塋左 生
三男三女 男簏衡 成均敎授 穆衡 宇進副社長 浩衡 外國商社專務
女適朴道勳李鍾晙趙顯銅 簏衡男成夏 女成完未行 次適吳然台朴
振永丘冀甲 穆衡男成漢成光 女適林聖晉 浩衡女適沈祐燮 季女成
媛未行 餘繁不錄 癸未夏 簏衡氏 以公狀 請銘於佑成 念公平昔
以佑成爲能知讀書者 眷愛特厚 今於是託 烏可以不文辭哉 玆以聞
見所逮 略述事行 系之以銘曰


鄕有會 主其論
族有議 鎭其棼
述公行 刪其蔓
石可語 垂永遠




甲申二○○四年 一月


## 嚴光山 內堂洞 東阡表


嚴光山 一名富春山 在密陽治東十里 岡巒峻秀 中谷窈而深 谷
之上頭 爲內堂洞 我家累世兆域也 有溪流出洞中 分爲東西阡 西
阡自我八世祖以降 曾祖恒齋公祖考省軒公 曁伯父參奉公 相繼以
葬 而東阡 則我先考厚岡府君先妣淸州鄭氏玉山張氏 與之同原者
也 在府君墓右 有同雙墳者 張孺人墓 而其在後而坐向稍西者 鄭
孺人墓也 府君前後 凡三娶 中爲孫孺人 而別葬在長善先塋下 故
此不與也 東阡 昔有山神堂 土人至今稱堂嶝 始鄭孺人歿 恒齋公

以其喪入洞　厚給土人價　使移神堂於山下　因占地於此　時　鄭孺人
歸于我府君　僅一年　年纔十五而無育矣　術者曰此吉地也　可惜爲無
後者塚　恒齋公厲聲曰　是何言也　他日將見子孫之衆盛　是墓　當爲
歲時展拜者　廣其階築也　及穿壙　有金色蛙　伏於靑石底　人咸異之
後　府君娶孫孺人　又無育而卒　繼娶張孺人　遂生不肖諸兄弟　張孺
人歿　亦葬於此　而孫曾男女且至數十人　每歲霜落　府君　率諸子孫
省掃西阡　仍至東阡　見不肖輩羅拜鄭孺人墓　以及張孺人墓　輒欷然
誦恒齋公言曰　吾先子之言驗矣　吾百歲後　汝曹亦當埋我斯丘也　不
肖輩　謹聞命焉　府君　諱載衡　字德夫　厚岡其號也　我李　系出驪州
在高麗末　有騎牛子先生諱行　當易姓革命　守罔僕義　諡文節　後十
世　有自濡軒先生諱萬白　以文學行義聞　府君　乃其九世孫也　恒齋
公　諱翊九　省軒公　諱炳憙　兩世以閥材邃學　隱居養德　以卒歲　而
所著書　俱行于世　省軒公配玉山張氏斗植女　有二子　長卽參奉公諱
世衡　次卽府君　府君以前韓高宗辛卯　生于退老里第　以民國庚戌考
終　春秋八十　育六男五女　男翼成出系參奉公後　佑成　卽不肖　瑋成
早夭　謹成恭成愼成　女適曺圭善朴正植申鉉道成夫永朴熙贊　佑成
有四男一女　男熙渤熙駿熙國熙高　女適李鍾雄　其餘繁不錄　嗚呼
府君　生旣樂有賢父兄　壽考令終　享有諸子孫之祀薦　古人所謂存順
沒寧者非耶　嘗從不肖　寓釜山之凌風莊　有歲暮詠懷詩　曰平生心跡
付雲山　海曲逍遙此歲闌　春草池塘頻入夢　晚柯庭院足怡顏　吟餘短
錫尋僧去　病後輕衫買藥還　暮境不愁儕友少　戲呼童穉與爲歡　蓋晚
年自述之作也　不肖將就府君之半生大槩　與先妣家系及行實　撰次
成文　爲傳示後承之計　故　玆姑畧云　不肖男佑成　謹撰

乙卯一九七五年　四月

# 平山申公諱鉉八墓碑

今淑明女子大學校敎授申君道澈　奉其老母金夫人　訪余于高陽寓廬　請余表其先父之墓　余辭以病昏　金夫人曰此吾意也　君無庸辭　夫人　卽余之表從姊氏也　憶余兒時　與姊居同閈　及其出嫁　亦在同郡　余時過其夫家　見伉儷雍穆　子與女　蔚然成行　心窃賀其福祿　中年以後　不幸喪禍荐疊　四子之中　長次男　相繼夭折於前　夫君　亦以疚懷長逝　姊悄然寡居　獨守故宅　情景可悲　乃今其孫兒輩　逐歲月而長成　俊秀娟慧　如蘭玉之交輝　而第三子　以領官　服軍務　季子　以敎授　奉職于大學　有聲譽　又能恪守規範　克持門戶　天運之循回而積善之有餘慶　有不可誣也　道澈君　略述其父公事行　以示余　余謹據而叙之曰公諱鉉八　字汝諧　自號眉軒　其先平山人　中古以來　奠居于密陽　有徵士諱季誠　卽松溪先生也　五傳而有諱東顯　以孝享中峰祠　號梅竹堂　子諱命胤　亦以孝聞　號望慕庵　寔公之七世祖也　高祖諱廷鶴　曾祖諱鎭源　祖諱泰郁　考諱楨圭　妣碧珍李斗燦女　公以丙辰七月五日生　戊辰九月二十日卒　享年七十三　葬淸道舊邑後麓丙坐原　從先兆也　配瑞興金氏絅東女　寒暄堂先生宏弼後也　擧四男一女　男益澈重澈大原道澈　女孫仁相　益澈男相勳相殷東翰　女李勝鎬　重澈無子取益澈男東翰爲嗣　女惠盛□玲　大原男東烈　道澈女惠仁惠永　孫仁相男章勛誠彬承延　公　天性豪放　頗喜碁酒　鄉中人士　無不樂與之交遊　顧以儒門子弟　行誼　未嘗有虧損　養親御家　人無間言也　曾與其兄弟從班爲先公四兄弟築四友亭而公實主其事　平生最重敎育　家無素積　而於子女學費　盡其心力　無少吝嗇　被擧爲密陽郡敎育委員　並爲郡中子弟　致其誠焉　嗚乎　今者舊彫零　後生小子　輕燥浮薄　日甚一日　環顧一鄉　如公之長德者復幾人哉　今余亦老白首　追惟往事爲之悽惻　因書此以遺道澈兄弟　使之刻揭于墓側　且因此而得以少紓吾

老姊之心情　則吾知免矣夫

歲乙酉二千五年　七月

## 河東鄭公在華道洞山紀績碑

　　山在晉州治東五里許　而名曰猪洞　後改道洞　河東鄭氏世葬之阡
也　蓋鄭氏之先　嘗奠居于此　而中經離散　墟落堙沒　松楸荒寒者　幾
百年矣　至于近世　子孫相與合謀　修築封塋　設壇竪碑　且營建齋舍
以爲一族齊宿之所　而其發議而周旋　俾底于成者　實維晦山鄭公也
公諱在華　字周浩　生舊韓高宗甲午　卒民國丙午　上祖諱道正　以軍
功立家　傳至諱國僑諱良孫　俱登國庠　諱一變號特立亭　有學行　諱
興業　察訪　諱宇相　號野隱　以儒行載州誌　公其七世孫也　考諱弼赫
妣載寧李氏　公生長貧素　未嘗從事於問學　而孝悌敦睦　出於天性
尤惓惓於宗事　嘗以舊譜之疎謬爲恨　與族中有識者　商議　力圖改編
自爲序而刊之　又慨諸祖先之隱德不耀　遍謁長德有文者　求爲誌碣
以章之　如晦峰河謙鎭先生其尤也　其他如河性在曺圭喆諸君子　莫
非當世名士也　有子友鉉　號友蓮　富於文識　與諸名士交　甚有令譽
而不幸短命　先公而逝　悲燬之餘　公亦隨以歿焉　嗚乎哀哉　公有孫
五人　淳玹其長也　今以其諸從叔父之意　將其家錄及公事行　訪余於
漢陽之西坰　請所以不朽公者　余念昔年與友蓮從遊之好　不禁淚涔
涔下　且在當日　屢獲承公顏　今不敢忘也　因爲之銘　曰

　　平生所願兮　在乎家門之中興
　　顚而復起兮　可賴諸孫之繼承
　　道峰蒼鬱兮　是其徵

戊子二八年　十月

## 碧史館文存 上

### 西皋蛾術集

**夢松集**

# 李佑成 著作·共編 書目

**著書**(李佑成 著作集 所收)

『韓國의 歷史像—李佑成歷史論集』創作과批評社 1982

『韓國中世社會研究』一潮閣 1991

『韓國古典의 發見』한길사 1995

『實是學舍散藁』創作과批評社 1995

『新羅四山碑銘 校譯』亞細亞文化社 1995

『高陽漫錄—韓國學의 底邊』景仁文化社 2005

『碧史館文存』창비 2005

**共編書**

『實學研究入門』一潮閣 1973

『李朝漢文短篇集』(3冊) 一潮閣 1973, 1978

『韓國의 歷史認識』(2冊) 創作과批評社 1976

『韓國學研究入門』知識産業社 1981

『韓國의 傳統思想과 文學』서울대출판부 1982

『密陽地名考』密陽文化院 1984

『密陽誌』密陽文化院 1987

『李晦齋의 思想과 그 世界』大東文化研究院 1992

『陶山書院』한길사 2001

『退老里誌』正進文化社 2003

실시학사에서 소장연구자들을 지도하여 함께 번역, 출판한 책

經學研究會

『茶山의 正體傳重辨』한길사 1995

『茶山과 文山의 人性論爭』한길사 1996

『茶山과 石泉의 經學論爭』한길사 2000

『茶山과 臺山·淵泉의 經學論爭』한길사 2000

『茶山의 經學世界』한길사 2002

『茶山 詩經講義』(5冊) 사암 2008

古典文學研究會

『里鄕見聞錄』민음사 1997; 글항아리 2008(재판)

『趙熙龍全集』(5冊) 한길아트 1999

『譯註 李鈺全集』(3冊) 소명출판사 2001

『卞榮晚全集』(3冊) 성대출판부 2006

『二十一都懷古詩』푸른역사 2009

『完譯 李鈺全集』(5冊) 휴머니스트 2009

『熱河紀行詩註』휴머니스트 (근간)

이우성 저작집 6
**벽사관문존 하(산문)**

초판 1쇄 발행 2010년 1월 11일

지은이 | 이우성
펴낸이 | 고세현
책임편집 | 부수영
디자인·조판 | 디자인시
펴낸곳 | (주)창비
등록 | 1986년 8월 5일 제85호
주소 | 413-756 경기도 파주시 교하읍 문발리 513-11
전화 | 031-955-3333
팩시밀리 | 영업 031-955-3399 · 편집 031-955-3400
홈페이지 | www.changbi.com
전자우편 | human@changbi.com

© 이우성 2010
ISBN 978-89-364-8254-1  93080
ISBN 978-89-364-7976-3(전8권)